(((((ECO)))))

Curso Modular de Español Lengua Extranjera

Libro del Alumno

A1

Alfredo González Hermoso
Carlos Romero Dueñas

edelsa
GRUPO DIDASCALIA, S.A.

Primera edición: 2003
Impreso en España / *Printed in Spain*

©**Edelsa Grupo Didascalia**, S.A. Madrid, 2003
Autores: Alfredo González Hermoso y Carlos Romero Dueñas.

Dirección y coordinación editorial: Departamento de Edición de Edelsa.
Diseño de cubierta: Departamento de Imagen de Edelsa.
Diseño y maquetación de interior: El Ojo del Huracán, S.L.

Imprenta: Peñalara

ISBN: 84-7711-881-7
Depósito Legal: M-28164-2003

Fuentes, créditos y agradecimientos:

Fotografías:
Brotons: págs. 22 (i), 23, 33, 59 (1b).

Logotipos:
ONCE: pág. 8 (6).
RENFE: pág. 8 (1 y 4).

Ilustraciones:
Nacho de Marcos

Notas:
La editorial Edelsa ha solicitado los permisos de reproducción correspondientes y agradece a
    todas aquellas instituciones que han prestado su colaboración.
Las imágenes y documentos no consignados más arriba pertenecen al Departamento de
    Imagen de Edelsa.

Prólogo

El método intensivo *ECO* cubre las necesidades de estudiantes principiantes que precisan un aprendizaje de los fundamentos del español de manera rápida y concentrada. Para ello se les ofrece un manual con objetivos y actividades claramente definidos y progresivos para construir un saber hacer lingüístico y comunicativo con el que interactuar en un contexto hispanohablante.

Se propone una progresión dinámica en forma de espiral: observación y comprensión, aprendizaje y recapitulación. Es un método sencillo y claro, a través del cual el estudiante percibe en cada momento que está aprendiendo y, sobre todo, se da cuenta de los logros realizados.

Enfoque y contenidos

Introducción a la unidad

Cada unidad arranca con un documento que permite centrar al estudiante sobre los elementos clave del diálogo, que serán estudiados con detenimiento a lo largo de la unidad.

Comprensión y práctica

ECO hace hincapié en el desarrollo de las destrezas de la comprensión, puesto que el proceso de comprensión auditiva es imprescindible para la comunicación: no se puede interactuar si no se ha comprendido. Para entender hay que escuchar, descifrar e interpretar el mensaje.

Pronunciación y ortografía

El estudio de la pronunciación y de la entonación es la base de la expresión y de la comprensión oral sin la cual la comunicación no puede darse. Los ejercicios de pronunciación son, ante todo, ejercicios para formar el oído.

Léxico

El estudiante necesita memorizar léxico para facilitarle la expresión oral y escrita.

Gramática

ECO propone una presentación explícita y didáctica de las reglas de la gramática en cuadros claros y precisos, y una serie de ejercicios de sistematización y actividades controladas para garantizar un conocimiento práctico de la misma.

Expresión oral

Se presentan unas actividades que van encaminadas a que el estudiante reutilice de forma creativa, pero controlada y dirigida, sus conocimientos y habilidades recién desarrolladas.

Mundo hispano

Se potencia un aprendizaje pluricultural y el descubrimiento de la dimensión sociocultural del español de España y de América Latina mediante actividades y documentos motivadores.

Síntesis

A partir de una imagen clara, se proponen actividades recapitulativas. Esta síntesis es la materialización del principio funcional del trabajo por secuencias o etapas.

Taller de Internet

Las actividades que propone el manual mediante los talleres de Internet son una ventana abierta e inmediata sobre la realidad hispánica y una concreción de lo aprendido en cada unidad.

Ya conoces

Al final de cada unidad hay una página con cuadros–resumen.

El cuaderno de refuerzo

El Cuaderno de refuerzo es una amplia recopilación de ejercicios prácticos como entrenamiento y práctica para un trabajo en clase o en autonomía.

ECO es, en definitiva, un libro motivador para el estudiante, porque le permite ir rápidamente a lo esencial y tomar conciencia paso a paso de los progresos realizados.

Índice

Léxico	Gramática	Expresión oral	Mundo Hispano
		Competencia pragmática y sociocultural	
Nombres y nacionalidades.	• Verbos en presente: *SER* y *LLAMARSE*. • Género de los gentilicios.	Conocer a otras personas y presentarse.	• Nombres y apellidos de personajes hispanos. • Países y capitales.
La comida.	• El género del nombre. • El número del nombre y los artículos.	Preguntar por una comida y comprar.	• El desayuno en España. • Platos de la gastronomía hispana.
Números y direcciones.	• Presente de verbos regulares. • Uso de *TÚ, USTED, VOS*. • Presente de verbos irregulares.	Dar datos personales e indicar una dirección.	• Establecimientos públicos.
Las profesiones.	• Contracciones *AL* y *DEL*. • Presente de verbos irregulares. • Pronombres personales. • Verbos reflexivos en presente.	Presentar y hablar de la profesión.	• El trabajo en España y América Latina.
Números, horas y fechas.	• Presente de verbos irregulares. • Presente de *ESTAR* + gerundio. • Los posesivos.	Hablar de horas, horarios y hábitos cotidianos.	• Fiestas populares de España.
La casa y adjetivos de descripción.	• *HAY, ESTÁ(N)*. • Los demostrativos. • *AQUÍ, AHÍ, ALLÍ*. • El verbo *GUSTAR*. • *TAMBIÉN, TAMPOCO*.	Describir la casa y a las personas.	• La población étnica de América Latina.
Números, momentos de la vida y partes del cuerpo.	• El Pretérito Indefinido. • El verbo *DOLER*. • Frases exclamativas.	Narrar la vida y hablar con el médico.	• Premios Nobel de Literatura en español.
Las estaciones del año, el tiempo y actividades.	• *IR A* + infinitivo. • *TENER QUE* + infinitivo. • *MUY, MUCHO*. • El imperativo.	Hablar de planes y proponer actividades.	• El Camino de Santiago.

•*En el aeropuerto*

•*En la ciudad*

•*En la escuela*

🔊 1. Escucha y relaciona.

1. **GERMÁN:** ¡Hola, Alberto! ¿Cómo estás?
ALBERTO: Muy bien, ¿y tú?
CLARA: Hola, ¿qué tal?
ALBERTO: Hola, Clara.

2. **MIGUEL:** Yo me llamo Miguel Sánchez.
CELIA: Encantada.
MIGUEL: Bienvenida a Madrid.

3. **CELIA:** Buenas tardes.
Yo soy Celia Vázquez.
MIGUEL: ¿Es usted la señora Vázquez?
Encantado.

4. **MIGUEL:** Buenas noches, hasta mañana.
CELIA: Adiós, y gracias.

5. **CLARA:** Adiós, Alberto, hasta mañana.
ALBERTO: Hasta mañana.
GERMÁN: Hasta luego.

6. **CELIA:** Hola. Yo soy Celia.
¿Y tú cómo te llamas?
CLARA: Hola, yo me llamo Clara.
CELIA: ¿De dónde eres?
CLARA: De aquí, de Madrid. ¿Y tú?
CELIA: Yo soy de Quito, Ecuador.

7. **RECEPCIONISTA:** Buenos días,
¿cómo se llama?
ALBERTO: Alberto Benito.
RECEPCIONISTA: ¿"Benito" es nombre o
apellido?
ALBERTO: Es el apellido.
RECEPCIONISTA: ¿De dónde es usted?
ALBERTO: Soy argentino.

1. ¿Qué oyes?

1. ¿De dónde eres?
   ¿De dónde es?

2. ¿Cómo estás?
   ¿Cómo está?

3. Yo soy de aquí.
   No soy de aquí.

4. ¿Cómo te llamas?
   ¿Cómo se llama?

2. Di si es verdadero (V) o falso (F).

"Benito" es el nombre.

Clara es de Madrid.

"Alberto" es apellido.

Celia es española.

Celia es de Ecuador.

Alberto es argentino.

3. Relaciona las preguntas y las respuestas.

a. ¿De dónde eres?   1. Muy bien, ¿y tú?

b. ¿Cómo te llamas?   2. De Perú.

c. ¿"Alonso" es nombre?   3. Me llamo Fátima.

d. ¿Cómo estás?   4. No, es el apellido.

e. ¿Es usted la señora Vázquez?   5. Sí, soy yo.

4. Completa el cuadro con las expresiones de saludo y despedida de los diálogos.

Formal	Informal
-Buenas tardes.	-Hola.
....	....
....	-Hasta luego.
	....

5. Clasifica estas expresiones.

–¿De dónde eres?   –¿Cómo se llama?

–¿De dónde es usted?   –(Yo) me llamo...

–(Yo) soy de...   –¿"Benito" es nombre o apellido?

–(Yo) soy...   –¿Cómo te llamas?

- -

Preguntar por el nombre: ....

Decir el nombre: ....

Preguntar la nacionalidad: ....

Decir la nacionalidad: (Yo) soy de ....

6. Y tú, ¿cómo te llamas? ¿De dónde eres?

Me llamo...
Soy de...

Abecedario

1. Escucha y repite el nombre de las letras.

A, a	a	M, m	eme
B, b	be	N, n	ene
C, c	ce	Ñ, ñ	eñe
Ch, ch	che	O, o	o
D, d	de	P, p	pe
E, e	e	Q, q	cu
F, f	efe	R, r	erre, ere
G, g	ge	S, s	ese
H, h	hache	T, t	te
I, i	i	U, u	u
J, j	jota	V, v	uve
K, k	ka	W, w	uve doble
L, l	ele	X, x	equis
Ll, ll	elle	Y, y	i griega
		Z, z	zeta

2. ¿Qué sonidos no están en tu abecedario?

....

....

....

....

....

3. ¿Qué letras oyes?

j	n
g	ñ
ll	v
c	ch
s	r
l	h

4. Deletrea el nombre de estas personas.

Alberto
Celia
Clara
Germán
Miguel

5. Deletrea tu nombre.

....

6. Deletrea estas siglas.

1. AVE
2. IVA
3. P.V.P.
4. Renfe
5. DNI
6. ONCE

7. Observa.

"Benito", "Valdés"

"Hola", "Honduras"

B y V se pronuncian igual: [b].

La H no se pronuncia.

Nombres y nacionalidades

1a. Lee y deletrea los nombres y apellidos.

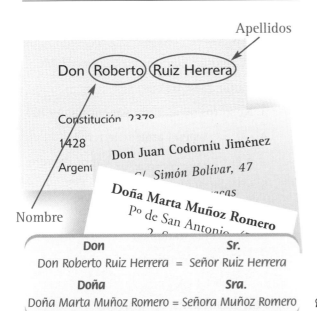

Apellidos

Don (Roberto) (Ruiz Herrera)

Constitución 2270

1428

Argent...

Don Juan Codorníu Jiménez

...l Simón Bolívar, 47

...cas

Nombre

Doña Marta Muñoz Romero

Pº de San Antonio...

Don	Sr.
Don Roberto Ruiz Herrera	= Señor Ruiz Herrera

Doña	Sra.
Doña Marta Muñoz Romero	= Señora Muñoz Romero

Doña Charo Parra Oviedo
Carrera, 45 nº 48-50
Medellín

Doña María Teresa Sánchez García
Calle de García de Paredes, 47
28010 Madrid
España

Nombres y apellidos. En español las personas tienen dos apellidos: el primero es el del padre, y el segundo, el de la madre.

1b. Clasifica los nombres y apellidos.

Nombre	Primer apellido	Segundo apellido
....	....	....
....	....	....
....	....	....
....	....	....
....	....	....
....	....	....

2a. Relaciona.

Holanda	francés
Francia	japonés
Suecia	holandés
Japón	sueco
México	estadounidense
Estados Unidos	mexicano
Panamá	nicaragüense
Colombia	italiano
Nicaragua	panameño
Italia	venezolano
Venezuela	colombiano
Brasil	brasileño

2b. Habla con tus compañeros. ¿De dónde son?

Yo soy de...

¿De dónde eres?

Y yo...

Verbos en presente: *SER* y *LLAMARSE*

◉ 1a. Observa.

	Ser	Llamarse
Yo	soy	me llamo
Tú	eres	te llamas
Él, ella, usted	es	se llama
Nosotros, nosotras	somos	nos llamamos
Vosotros, vosotras	sois	os llamáis
Ellos, ellas, ustedes	son	se llaman

🖉 1b. José presenta a sus estudiantes. Completa las frases.

Buenos días.

Buongiorno.

Good morning.

Bonjour.

Bonjour.

Bom dia.

Konnichiwa.

Guten Tag.

Guten Tag.

1. Ella es María y es de Nicaragua.
2. .... es Paolo y es ....
3. Él .... Peter y es estadounidense.
4. Ellos .... Monique y Paul y .... de
   ....
5. Ella .... Regina y .... brasileña.
6. .... es Tomoko ....
7. Ellos .... Kurt y Petra y ....
   Alemania.

🖉 1c. Completa con los verbos *SER* y *LLAMARSE*.

1. ¿De dónde ....? Soy de Barcelona.
2. ¿Cómo .... usted? Me
   llamo Juan Gómez.
3. Nosotros .... de Argentina, ¿y tú?
4. – ¿......... usted Carmen Herrero?
   • No, ... Laura Herrero.
5. – Hola, ¿cómo ....?
   • Nos llamamos Marta y Cristina.
6. – ¿............... italianas?
   • No, somos griegas.

🖉 1d. Pon las frases en plural.

1. Soy de aquí. *Somos de aquí.*
2. ¿Cómo te llamas? ....
3. ¿De dónde eres? ....
4. Ella es cubana. ....
5. ¿Cómo se llama y de dónde es usted?
   ....
6. Y tú, ¿de dónde eres? ....

🖉 1e. Completa el diálogo con las palabras del recuadro.

yo – encantada – se llama – soy – os llamáis

– Buenos días. ¿Cómo ....?
• .... soy Mónica.
º Y yo, Alberto.
– Yo .... el profesor de español.
• ¿Y cómo ....?
– Luis González.
• ....

2a. Observa

Masculino	Femenino	Ejemplo
–o	–a	*ruso/rusa*
–consonante	+ –a	*español/española*
–e	–e	*nicaragüense*
–í	–í	*marroquí*

2b. Escribe el femenino.

a. Francés ....

b. Japonés ....

c. Holandés ....

d. Sueco ....

e. Estadounidense ....

f. Mexicano ....

g. Nicaragüense ....

h. Italiano ....

i. Griego ....

j. Venezolano ....

k. Paquistaní ....

l. Brasileño ....

2c. Escribe el masculino.

a. Suiza ....

b. Marroquí ....

c. Turca ....

d. Finlandesa ....

e. Canadiense ....

f. Belga ....

g. Irlandesa ....

h. Austriaca ....

i. Polaca ....

j. Danesa ....

k. Iraní ....

l. Peruana ....

2d. Clasifica las palabras del cuadro.

francés – italiana – uruguayo – costarricense
hondureña – chileno – panameño
alemana– egipcio – israelí – colombiano
canadiense – turca – ecuatoriana

Masculinas	Femeninas	Masculinas y femeninas
....	....	canadiense
....	....	....
....	....	....
....	....	....
....	....	....
....	....	....
....	....	....

2e. Completa el cuadro.

Masculino / femenino	Adjetivo
-és / -esa	francés/francesa
-aco / -aca	....
-ano / -ana	....
-eño / -eña	....
-ense	....
-í	....

1a. Mira los dibujos. Saluda o despídete de manera formal o informal.

Buenos días	= de 7 h a 14 h	(la mañana)
Buenas tardes	= de 14 h a 21 h	(la tarde)
Buenas noches	= de 21 h a 7 h	(la noche)

2a. Habla con tu compañero. Pregúntale cómo se llama y de dónde es, como en el modelo.

Hola, ¿qué tal?

Muy bien, ¿y tú?

¿Cómo te llamas?

Yo soy Sonia.

¿Y el apellido?

Silva. Me llamo Sonia Silva. ¿Y tú?

Yo me llamo Juan. ¿Y de dónde eres?

Soy de Río de Janeiro.

Yo también soy brasileño.

1b. Despídete como un español.

Adiós...

Adiós, buenas tardes...

 En situaciones formales, los españoles se dan la mano.

En situaciones informales, a los hombres se les da la mano y a las mujeres, dos besos.

2b. Ahora pregúntaselo a los demás compañeros de la clase y anota los nombres en la ficha.

Nombre	Apellido	País / ciudad
....	....	....
....	....	....
....	....	....
....	....	....
....	....	....

1. Relaciona el nombre, apellido y nacionalidad de estos personajes famosos.

Fernando	Cruz	española
Isabel	Martin	argentino
Penélope	Botero	guatemalteca
Carlos	Herrera	venezolana
Ricky	Menchú	colombiano
Diego A.	Allende	mexicano
Rigoberta	Fuentes	puertorriqueño
Carolina	Maradona	chilena

H R............. M.............

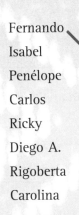

A P............. C.............

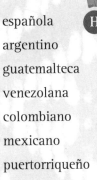

G D......... M.............

B C............. F.............

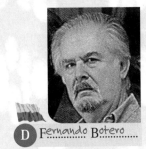

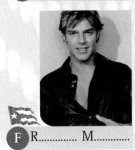

F R............. M.............

C C............. H.............

D Fernando Botero.........

E I............. A.............

2. Relaciona las fotos con los países y sus capitales.

A

B

C

D

E

Argentina	México D.F.
España	Madrid
Venezuela	Buenos Aires
Perú	Lima
México	Caracas

3. Sitúa en el mapa todos los países vistos en el apartado "Mundo hispano" en los que se habla español.

Síntesis
A B C D E

👁 **1. Mira la ilustración.**

✎ **a. Haz una lista de los nombres y otra de los apellidos.**

✎ **b. Escribe la nacionalidad de cada personaje.**

✎ **c. Completa los diálogos y relaciónalos con los personajes de la ilustración.**

Diálogo 1

Buenos días.

Hola, ...

¿De dónde es usted?

.... de España.

¿ .... ?

Yo soy de Perú.

Diálogo 2

Buenos días, ... Sandro Moretto, de Italia.

¡Ah! .... Yo soy John Brown, de Gran Bretaña.

Diálogo 3

Hola, buenos días.

....

¿Es usted de Portugal?

No, soy de Brasil.

¿De Brasil? .... argentino.

✎ **d. Inventa otros diálogos.**

🖱 ## Taller de Internet

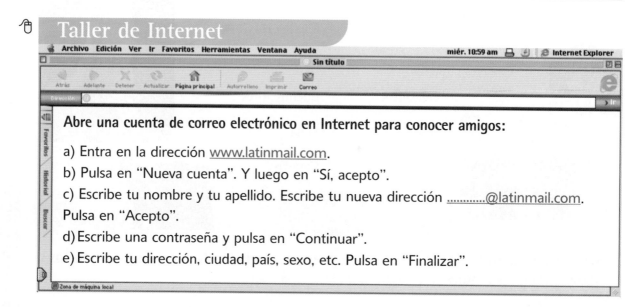

Abre una cuenta de correo electrónico en Internet para conocer amigos:

a) Entra en la dirección www.latinmail.com.

b) Pulsa en "Nueva cuenta". Y luego en "Sí, acepto".

c) Escribe tu nombre y tu apellido. Escribe tu nueva dirección ....@latinmail.com. Pulsa en "Acepto".

d) Escribe una contraseña y pulsa en "Continuar".

e) Escribe tu dirección, ciudad, país, sexo, etc. Pulsa en "Finalizar".

1a. Las expresiones para saludar y despedirte:

Formal	Informal	Formal	Informal
Buenos días.	*¡Hola!*	*Adiós, hasta mañana.*	*¡Adiós!*
Buenos tardes.	*¡Hola! ¿Cómo estás?*	*Buenas noches.*	*¡Hasta luego!*
Buenas noches.	*Hola, ¿qué tal?*		*Hasta mañana.*

1b. Y para preguntar e informar sobre el nombre y la nacionalidad:

Preguntar	Responder	Preguntar	Responder
¿"Benito" es nombre	*Es...*	*¿De dónde eres?*	*(Yo) soy +*
o apellido?	*(Yo) soy + nombre*	*¿De dónde es usted?*	*nacionalidad*
¿Cómo te llamas?	*(Yo) me llamo + nombre*		*(Yo) soy de + país*

2. Las palabras: nombre, apellido, nacionalidad, etc.

3a. Los verbos *SER* y *LLAMARSE* en presente:

	Ser	Llamarse
Yo	*soy*	*me llamo*
Tú	*eres*	*te llamas*
Él, ella, usted	*es*	*se llama*
Nosotros, nosotras	*somos*	*nos llamamos*
Vosotros, vosotras	*sois*	*os llamáis*
Ellos, ellas, ustedes	*son*	*se llaman*

3b. El género de los gentilicios:

Masculino	Femenino	Ejemplo
–o	–a	*ruso/rusa*
–consonante	+ –a	*español/española*
–e	–e	*nicaragüense*
–í	–í	*marroquí*

3c. Los interrogativos:

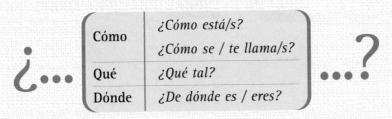

Cómo	*¿Cómo está/s?*
	¿Cómo se / te llama/s?
Qué	*¿Qué tal?*
Dónde	*¿De dónde es / eres?*

1. Lee, escucha y completa las palabras que faltan en cada viñeta.

¿perdón? – buenos días – por favor - lo siento - muchas gracias – sí

1. ¿Qué oyes?

1. ⬜ No te entiendo.
   ⬜ No le entiendo.

2. ⬜ ¿Puedes repetir?
   ⬜ ¿Puede repetir?

3. ⬜ Quieres paella.
   ⬜ Quiere paella.

4. ⬜ ¿Quieres algo o no?
   ⬜ ¿Quiere algo o no?

2. Completa los diálogos.

1. – ¿Puede repetir,
   ....?

   – Gazpacho.

   – ....,
   no le entiendo.

   – ¡Gaz-pa-cho!

   Perdón
   Por favor

2. – ...., ¿quieres
   algo?

   – No, ...

   Oye
   Gracias

3. – ¿Qué es esto?

   – Esto es paella.

   – ....

   – Paella.

   – ¡..................., paella!
   ....

   Ah
   Muchas gracias
   ¿Perdón?

4. – ...., ¿y esto
   qué es?

   – Tortilla de patatas.

   – ....

   ¿Cómo?
   Oiga

3. Clasifica las expresiones siguientes.

¿Qué desean?
¿Quiere tortilla de patatas?
¿Y tú quieres tortilla de patatas?
¿Puede repetir, por favor?
¿Quieres algo o no?
No le entiendo.

Expresiones formales (USTED)	Expresiones informales (TÚ)
¿Qué desean?	¿Quieres algo o no?

4. Relaciona los diálogos con los dibujos.

¿Tiene tortilla de patatas? No, lo siento.

¿Qué es eso?

Una tableta.

¿Cómo?

Chocolate.

¡Ah! Chocolate.

¿Quieres café?

¿Café? Sí, gracias.

A   B   C

1. Escucha y repite la pronunciación de las palabras siguientes.

> El acento tónico aparece en sílabas diferentes según las palabras.
> hola   usted   apellido   Ecuador   México

.●	
1. Usted	2. Madrid
●.	
3. Nombre	4. Hola
..●	
5. Ecuador	6. Paraguay
.●.	
7. Alberto	8. Mañana
●..	
9. Fátima	10. México

2. Escucha y repite estas palabras despacio y subraya el lugar del acento tónico.

1. Tor-ti-lla
2. A-rroz
3. A-gua
4. Pa-ta-ta
5. Ca-fé
6. Zu-mo
7. Gaz-pa-cho
8. Le-che
9. Cho-co-la-te
10. Pa-e-lla
11. A-cei-te
12. Na-ran-ja

> Si la palabra lleva acento escrito, esa es la sílaba del acento tónico.
> Perú   día   México

3. ¿Qué oyes?

1. Llamo
   Llamó
2. Estas
   Estás
3. Nombre
   Nombré
4. Llamé
   Llame
5. Apellido
   Apellidó
6. Quito
   Quitó

4. Escucha los diálogos y marca el icono que corresponde. Después, escribe la palabra.

lavabos

1. Mira esta ilustración y escribe el nombre.

> café solo   chocolate   té   zumo de naranja
> cruasán   tostadas   pan con aceite   bollos

Elige tu desayuno

....

....

....

....

....

....

....

....

2. Escribe tu propio desayuno.

Por favor, quiero...
....
....
....
....
....
....
....
....
....
.... Gracias.

3. Escribe el nombre de estas comidas y bebidas. Después completa el diálogo entre un vendedor y tú.

a. la naranja

> pescado   naranja   pan
> tomate   carne   chocolate
> queso   manzana   leche

b. ....

c. ....

d. el pescado

e. la carne

f. el chocolate

g. ....

h. la manzana

i. ....

VENDEDOR: Buenos días.

Tú: ....

VENDEDOR: ¿Qué desea?

Tú: ¿Tiene ....?

VENDEDOR: No, no tengo.

Tú: ¿Y ....?

VENDEDOR: Sí. ¿Quiere ....?

Tú: Sí, por favor.

También quiero

....

VENDEDOR: No tengo, lo siento.

Tú: Entonces quiero

....

VENDEDOR: Muy bien.

Tú: ¿Tiene ....?

VENDEDOR: ¿Perdone?

Tú: ....

VENDEDOR: ¡Ah, sí!

Tú: También quiero

.... y ....

VENDEDOR: Estupendo.

Tú: Además quiero

....

VENDEDOR: No, ... no

tengo.

Tú: Entonces ....

VENDEDOR: ¿Algo más?

Tú: Y ....

VENDEDOR: Aquí tiene.

Tú: Gracias.

El género del nombre

1a. Observa.

Los nombres masculinos de personas y animales acaban a menudo en –o y los femeninos en –a.

Masculino	Femenino
alumno	alumna
niño	niña
gato	gata

Muchos nombres masculinos de personas y animales acaban en consonante y el femenino añade una –a.

Masculino	Femenino
profesor	profesora
señor	señora

Hay otros nombres que tienen palabras distintas para masculino y para femenino.

Masculino	Femenino
hombre	mujer
padre	madre
toro	vaca

Los nombres de cosas no siguen ninguna norma.

Masculino	Femenino
teléfono	tortilla
día	mano
café	noche
arroz	información

1b. Cambia a femenino.

a. Alumno ....

b. Hombre ....

c. Profesor...

d. Niño ....

e. Señor ....

f. Compañero ....

g. Amigo ....

h. Chico ....

1c. Cambia a masculino.

a. Directora ....

b. Madre ....

c. Gata ....

d. Vendedora...

e. Loba ....

f. Maestra ....

g. Abuela ....

h. Vaca...

1d. Relaciona.

Masculinos	Femeninos
a. Papá	1. Esposa
b. León	2. Muchacha
c. Esposo	3. Mamá
d. Muchacho	4. Doctora
e. Doctor	5. Leona

1e. Clasifica los nombres subrayados.

1. Quiero aceite y pan, por favor.

2. Carlos es profesor y su esposa es doctora.

3. No tengo ordenador ni impresora.

4. Tiene chocolate y leche.

5. ¿Quiere tortilla de patatas?

6. Esto es carne con tomate.

7. Teléfono es una palabra internacional.

Masculinos	Femeninos
....	....
....	....
....	....
....	....
....	....
....	....

El número del nombre y los artículos

◉ 2a. Observa.

Artículo determinado		
	Masculino	Femenino
Singular	el	la
Plural	los	las

Artículo indeterminado		
	Masculino	Femenino
Singular	un	una
Plural	unos	unas

✎ 2b. Pon el artículo determinado.

a. .... palabra   g. .... carne

b. .... nombres   h. .... pescado

c. .... apellidos   i. .... chocolates

d. .... información   j. .... lavabo

e. .... naranjas   k. .... noches

f. .... teléfonos   l. .... tarde

✎ 2c. Pon el artículo indeterminado.

a. .... país   g. .... toros

b. .... ciudades   h. .... verbo

c. .... saludo   i. .... idioma

d. .... despedida   j. .... ficha

e. .... letras   k. .... compañeras

f. .... argentino   l. .... profesoras

✎ 2d. Marca el artículo correcto.

1. *El / los* alumnos son buenos estudiantes.

2. ¿Quieres *un / unos* café?

3. *El / la* paella tiene un limón.

4. Necesito *un / una* información.

5. ¿Es usted *el / la* abuela de Juan?

6. Susana trabaja por *el / la* noche.

7. *Unos / unas* naranjas, por favor.

8. ¿Son ustedes *los / las* señores Martínez?

✎ 2e. Pon las siguientes frases en femenino.

1. Quiero hablar con el director. ....

2. Es mi padre. ....

3. Quiero un gato. ....

4. Ellos no son los vendedores. ....

5. ¡Es un niño! ....

6. Buenos días, señor, ¿qué desea? ....

◉ 3a. Observa.

Singular: acabado en vocal.	Plural: +s
amigo	amigos
fiesta	fiestas
café	cafés

Singular: acabado en consonante o en **í**.	Plural: **+es**
información	informaciones
jamón	jamones
marroquí	marroquíes

Observaciones:

Los nombres acabados en **–z** hacen el plural en **–ces**:

el arroz – los arro**ces**

Muchos nombres acabados en **–s** no cambian:

el lu**nes** – los lu**nes**

✎ 3b. Cambia al plural.

a. El tomate ....

b. Una paella ....

c. Un pescado ....

d. Una playa ....

e. Un televisor ....

f. El autobús ....

g. Un bar ....

h. La noche ....

✎ 3c. Pon las siguientes frases en plural.

1. El cliente quiere naranja. ....

2. ¿Es usted español? ....

3. Es una estudiante alemana. ....

4. Es un amigo israelí. ....

5. La profesora no es inglesa. ....

1. Pregunta a tu compañero o al profesor qué son estas cosas.

Informal	Formal
¿Cómo se dice ...... en español?	
¿Qué es esto?	
¿Puedes repetir, por favor?	¿Puede repetir, por favor?
No te entiendo	No le entiendo
¿Perdón?	
¿Cómo?	

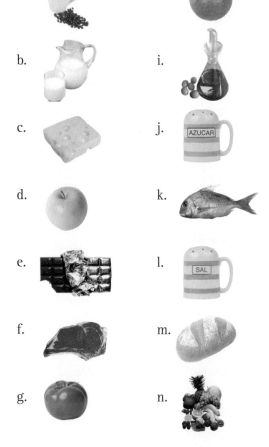

a.   h.

b.   i.

c.   j.

d.   k.

e.   l.

f.   m.

g.   n.

¿Cómo se dice b. en español?

Leche.

Gracias.

¿Qué es a.?

café.

ca-fé.

¿Puede repetir, por favor?

2a. Habla con tu compañero. Uno es el vendedor y otro el cliente. Pide una cosa distinta cada vez (café, aceite, pan, huevos...).

Buenas tardes, ¿qué desea?

¿Perdón? No le entiendo.

¡Ah,..................!

Sí, muchas gracias.

2b. Quieres una cosa y no conoces el nombre en español. Pregunta al compañero o al profesor.

¿Cómo se dice 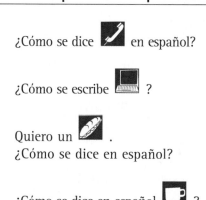 en español?

¿Cómo se escribe ... ?

Quiero un ... . ¿Cómo se dice en español?

¿Cómo se dice en español 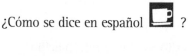 ?

👁 **1a. Este es un desayuno típico en España. Escribe las palabras.**
✏

....

....

....

....

....

✏ **1b. ¿Es igual en tu país? ¿Cuáles es el desayuno típico?**

....

....

💬 **1c. Compara los resultados con tus compañeros.**

✏ **2a. Aquí tienes unos platos típicos de la gastronomía hispana.
¿Cuáles conoces? Escribe el nombre.**

....

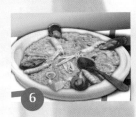

....

| tacos | churrasco | tortilla de patatas | paella | chocolate | gazpacho | arepa | chiles |

📟 **2b. ¿Cómo se pronuncian estas palabras? Escucha y marca el acento tónico.**

Síntesis

ABCD**E**

1. Mira la ilustración.

a. Describe la escena (¿Dónde están? ¿Qué hacen?).

b. Imagina una frase para cada persona.

c. Elige a uno de los personajes e imagina el diálogo.

Taller de Internet

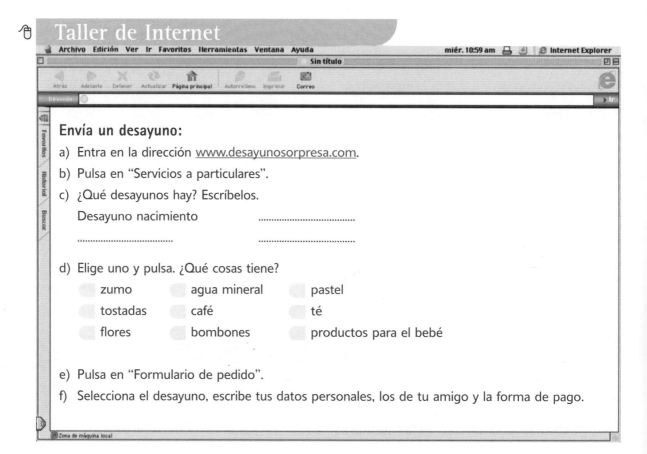

Envía un desayuno:

a) Entra en la dirección www.desayunosorpresa.com.

b) Pulsa en "Servicios a particulares".

c) ¿Qué desayunos hay? Escríbelos.

Desayuno nacimiento   ....

....

d) Elige uno y pulsa. ¿Qué cosas tiene?

zumo   agua mineral   pastel

tostadas   café   té

flores   bombones   productos para el bebé

e) Pulsa en "Formulario de pedido".

f) Selecciona el desayuno, escribe tus datos personales, los de tu amigo y la forma de pago.

1. Las expresiones para manejarse en una tienda:

Oye / Oiga.	*Muchas gracias.* *Gracias.*	*Perdón.* *Perdone.* *Perdona.*	*Lo siento.* *Por favor.*	*¿Cómo?* *¿Perdón?* *No le / te entiendo.* *¿Puede / Puedes repetir?*

Formal	Informal
¿Qué desea(n)? *¿Puede repetir, por favor?* *¿Quiere tortilla de patatas?* *No le entiendo.* *Perdone.*	*¿Qué quieres?* *¿Puedes repetir, por favor?* *¿Quieres tortilla de patatas?* *No te entiendo.* *Perdona.*

2. Las comidas y bebidas: aceite, agua, arroz, azúcar, bollos, café con leche, café solo, carne, cortado, cruasán, chocolate, ensaimada, gazpacho, leche, magdalena, manzana, naranja, paella, pan, patata, pescado, plátano, queso, sal, té, tomate, tortilla, tostada con mantequilla y mermelada, uva, zumo de naranja...

3a. La forma para conocer el género de las palabras:

Los nombres masculinos de personas y animales acaban a menudo en –o y los femeninos en –a.

Masculino	Femenino
alumno	alumna
niño	niña
gato	gata

Muchos nombres masculinos de personas y animales acaban en consonante y el femenino añade una –a.

Masculino	Femenino
profesor	profesora
señor	señora

Hay otros nombres que tienen palabras distintas para masculino y para femenino.

Masculino	Femenino
hombre	mujer
padre	madre
toro	vaca

Los nombres de cosas no siguen ninguna norma.

Masculino	Femenino
teléfono	tortilla
día	mano
café	noche
arroz	información

3b. Y los artículos:

Artículo determinado		
	Masculino	Femenino
Singular	el	la
Plural	los	las

Artículo indeterminado		
	Masculino	Femenino
Singular	un	una
Plural	unos	unas

3c. El número del nombre:

Singular: acabado en vocal.	Plural: +s
amigo	amigos
fiesta	fiestas
café	cafés

Singular: acabado en consonante o en **í**.	Plural: +es
información	informaciones
jamón	jamones
marroquí	marroquíes

Observaciones:

Los nombres acabados en –z hacen el plural en –ces:

el arroz – los arro**ces**

Muchos nombres acabados en –s no cambian:

el lunes – los lunes

1. Escucha y numera las imágenes.

2. Escucha otra vez y marca en el plano dónde está la cafetería.

1. Escucha y completa los diálogos.

1

0	1	2	3	4
cero	uno	dos	tres	cuatro
5	6	7	8	9
cinco	seis	siete	ocho	nueve

Este es el 9 - 0 - 8
....

2

desayunamos - comemos - merendamos - cenamos - avenida - calle - paseo - plaza - cuatro - cinco - ocho - a la derecha - a la izquierda - al lado - enfrente - fax - carta - correo electrónico

*Oye, mañana ....
en la cafetería Suiza.*

¿Cuál es la dirección?

*Está en la
....
Delicias.*

¿En qué número?

*En el número
..............................*

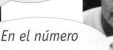

¿Dónde está?

*Está ....
de una oficina de correos
y ....
del Hotel Ginebra.*

¿Me envías un plano?

*Sí, te envío un plano
por ....*

2. Observa el cuadro, escucha y escribe las respuestas.

Situar en el espacio
cerca de / lejos de
al lado de
a la derecha de / a la izquierda de
enfrente de
delante de / detrás de
entre

¿Dónde está la oficina de correos?   ¿Dónde está la estación del metro?

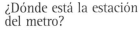  

....

¿Dónde están los niños?

....

¿Dónde está la cafetería?   ¿Dónde está el buzón?

....

3. Escucha y ordena el diálogo.

- a. En el 5.
- b. Hola, ¿dónde vives?
- c. Es el 907 11 00 14.
- d. ¿En qué número?
- e. ¿Cuál es tu correo electrónico?
- f. Vivo en la calle Goya.
- g. Mi correo es marcelo@inter.es
- h. Está cerca de la estación.
- i. ¿Dónde está esa calle?
- j. ¿Cuál es tu número de teléfono?

4. Y tú, ¿dónde vives? Di tu dirección y dónde está tu casa.

Yo vivo en la calle... Mi casa está...

La ce (c), la zeta (z), la cu (q) y la entonación de la frase

1a. Escucha y repite la pronunciación de las palabras siguientes.

La letra **C** se pronuncia [θ] delante de E, I

1. Gracias   2. Marcelo   3. Cero

La letra **C** se pronuncia [k] delante de A, O, U

4. Cafetería   5. Correos   6. Cuatro

La letra **Z** siempre se pronuncia [θ]

7. Suiza   8. Zona   9. Diez

La letra **Q + U** se pronuncia [k] delante de E, I

10. Queda   11. Que   12. Quince

1b. Escucha estas palabras y escribe las letras que faltan (c, z, qu).

a. Estan_o   f. _orreos
b. _afetería   g. Par_e
c. Pla_a   h. _iudad
d. Bu_ón   i. Supermer_ado
e. _alle   j. _ine

1c. Escucha y ordena según el orden en que se pronuncia.

a.   b.   c.
⬭ Cinco   ⬭ Plaza   ⬭ Zona
⬭ Bingo   ⬭ Placa   ⬭ Lona

2. Escucha estas palabras pronunciadas por un hablante que "sesea".

En algunas zonas de España y en toda América Latina, el sonido [θ] no existe. Por eso, **za, ce, ci, zo** y **zu** se pronuncian siempre [s]. A esto se le llama **seseo**.

a. Gracias   c. Cero   e. Zona
b. Marcelo   d. Suiza   f. Diez

3a. Escucha y repite estas frases con entonación diferente.

1. ¡Hola!
2. ¿Cómo te llamas?
3. Yo soy Miguel.
4. ¡Encantada!
5. ¿Dónde vives?

3b. Escucha y repite.

La frase **afirmativa** termina hacia abajo.

Ejemplo: Está en la calle Delicias.

1. Está al lado de la oficina de correos.
2. Vivo en la calle Goya.
3. Me llamo Manuel.
4. Te envío una plano por fax.

3c. Escucha y repite.

La frase **interrogativa** termina hacia abajo con interrogativo inicial.

Ejemplo: ¿Cuál es la dirección?

1. ¿Cómo te llamas?
2. ¿De dónde eres?
3. ¿Dónde vives?
4. ¿Dónde está la cafetería?

3d. Escucha y repite.

La frase **interrogativa** termina hacia arriba sin interrogativo inicial.

Ejemplo: ¿Me envías un plano?

1. ¿Está cerca?
2. ¿Hablas español?
3. ¿Me entiendes?
4. ¿Eres uruguaya?

1a. Observa.

0 cero	1 uno	2 dos	3 tres
4 cuatro	5 cinco	6 seis	7 siete
8 ocho	9 nueve	10 diez	11 once
12 doce	13 trece	14 catorce	15 quince
16 dieciséis	17 diecisiete	18 dieciocho	19 diecinueve

1b. Escribe en este cartón de bingo números del 0 al 19.

Ahora escucha y tacha los números que oyes. Si completas el cartón, di ¡Bingo!

2. Lee estos sobres y marca las direcciones.

Estanco Pérez
C/ Goya, 13
15009 LA CORUÑA

D. Mario López García
Gta. de Quevedo, 9
28008 MADRID

Carlos Fernández López
C/ Hipólito Irigoyen, 1956
1086 BUENOS AIRES

Farmacia La Salud
Pza. Urquinaona, 1
08001 BARCELONA

3a. Relaciona.

1. C/   a. Paseo
2. Pº.   b. Número
3. Avda.   c. Plaza
4. Pza.   d. Calle
5. Nº.   e. Avenida
6. Gta.   f. Glorieta

3b. Lee la siguiente carta postal.

Querido Luis:
Ahora vivo en una ciudad al lado de un río. Las calles son pequeñas y no tiene avenidas. Los edificios altos están lejos del centro: son la iglesia y el hospital. Tenemos un museo y un monumento a Colón. Mi casa está en la Plaza Mayor enfrente de un parque. ¿Quieres conocerla?

Tu amigo,
Carlos

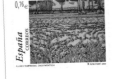

D. Luis Gómez
Gta. de Ibiza, 34
28000 MADRID

3c. Di si es verdadero (V) o falso (F).

Carlos vive en una ciudad.

La ciudad está lejos de un río.

La ciudad no tiene calles.

Los edificios altos están en el centro.

La iglesia y el hospital son edificios altos.

La ciudad tiene un museo.

Luis vive en la plaza Mayor.

El parque está cerca de casa de Carlos.

☺ 1a. Observa.

	Hablar	Beber	Vivir
Yo	hablo	bebo	vivo
Tú	hablas	bebes	vives
Él, ella, usted	habla	bebe	vive
Nosotros, as	hablamos	bebemos	vivimos
Vosotros, as	habláis	bebéis	vivís
Ellos, ellas, ustedes	hablan	beben	viven

✏ 1b. Completa el cuadro.

	Desayunar	Comprender	Escribir
Yo	desayuno	....	....
Tú	....	....	escribes
Él, ella, usted	....	comprende	....
Nosotros, as	desayunamos	....	....
Vosotros, as	....	....	escribís
Ellos, ellas, ustedes	....	comprenden	....

✏ 1c. Completa las frases.

1. Don Víctor, ¿me .... usted? *(comprender)*.

2. Manuel y yo .... español y francés *(hablar)*.

3. Yo .... y .... español correctamente *(hablar)*, *(escribir)*.

4. Elena y Marta no .... bien esta palabra *(comprender)*.

5. ¿Vosotros .... español? *(hablar)*.

☺ 2a. Observa.

TÚ – VOS – USTED
TÚ: informal   USTED: formal
VOS = Tú en Argentina, Uruguay, Paraguay y otros países de América Latina.
USTEDES: plural de TÚ, VOS y USTED en América Latina.

🔊 2b. Los verbos usados con *VOS* cambian en el presente. Escucha y repite.

1. Tú eres / Vos sos.
2. Tú hablas / Vos hablás.
3. Tú comprendes / Vos comprendés.
4. Tú escribes / Vos escribís.

✏ 2c. Clasifica las frases en el cuadro.

1. ¿Vos hablás inglés?
2. ¿Puede usted escribirlo?
3. ¿Hablas español?
4. ¿Cómo te llamás?
5. ¿Puedes repetir, por favor?
6. ¿Me entiendes?
7. ¿Sos español?

Formal	Informal	
En España y en Argentina	En España	En Argentina
		1.

Presente de verbos irregulares

3a. Observa y completa las frases.

	Querer	Tener	Repetir
Yo	*quiero*	*tengo*	*repito*
Tú	*quieres*	*tienes*	*repites*
Él, ella, usted	*quiere*	*tiene*	*repite*
Nosotros, as	*queremos*	*tenemos*	*repetimos*
Vosotros, as	*queréis*	*tenéis*	*repetís*
Ellos, ellas, ustedes	*quieren*	*tienen*	*repiten*

1. Las chicas no .... nada *(querer)*.
2. No hablan español, pero lo .... todo *(repetir)*.
3. Nosotros no .... nada *(tener)*.
4. Los niños no .... chocolate *(tener)*.
5. El profesor .... la pregunta *(repetir)*.
6. ¿Ustedes .... algo? No, gracias, no .... nada *(querer)*.

3b. Señala si los verbos de estas frases son regulares o irregulares.

	Verbos regulares	Verbos irregulares
a. ¿Repetimos?		✓
b. Queremos café y un bollo, por favor.		
c. ¿Dónde viven?		
d. ¿Desayunas conmigo?		
e. Te enviamos un plano por correo.		
f. Llamas tú a Lucía y Antonio.		
g. ¿Tenéis correo electrónico?		

3c. Completa.

1. ¿Viven ustedes en la calle Aribau? No, ... en la calle Bailén.
2. Ellas quieren pescado. Y vosotras, ¿qué ....?
3. ¿Tienes móvil? Sí, sí .... Es el 661 00 00 01.
4. Yo desayuno en casa, pero Juan .... en la cafetería.
5. ¿Habláis español? Sí, ... español y francés.

3d. Pon las siguientes frases en plural.

1. El cliente desea un sombrero.

   ....
2. ¿Habla usted español?

   ....
3. Es una estudiante alemana.

   ....
4. El profesor habla de España.

   ....
5. ¿Comprendes el problema?

   ....

3e. Y estas en singular.

1. Las chicas no tienen sombreros.

   ....
2. ¿Quieren ustedes unos tomates?

   ....
3. ¿Repetimos?

   ....
4. Tenemos unos amigos marroquíes.

   ....
5. ¿Habláis de mí?

   ....

1a. A partir de los datos de estas tarjetas practica diferentes preguntas con tu compañero.

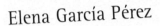

Elena García Pérez

Calle Corrientes, 1134
1428 Buenos Aires
Argentina

Tel. 11 933.00.01
Móvil: 15 495.00.01
elega@argentina.com.ar

Hola. ¿Cómo se llama?

Elena García.

¿Dónde vive?

En la calle Corrientes.

¿En qué número?

En el ....

Farmacia La Salud

Plaza de la Ciudad, 1
28001 - Madrid
España

Tel. 908.20.01.14
Fax: 908.15.16.17

¿Cuál es el teléfono de la farmacia?

...

¿Y el fax?

1b. Escribe una tarjeta y habla con tu compañero, como en el ejercicio anterior.

2. Habla con tu compañero para decirle el lugar donde vives. Mira el modelo.

¿Dónde vives?

En la calle...

¿Dónde está?

Cerca de la estación.

¿Y en qué número?

....

3. Describe dónde están los museos.

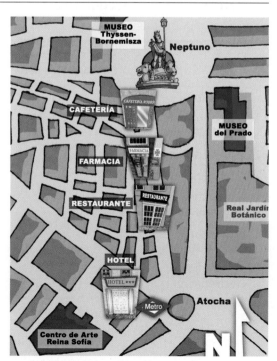

✏ **1. El paisaje urbano en España. Relaciona estas palabras con las fotos.**

Puesto de la ONCE	Estanco	Administración de lotería	Oficina de correos	Buzón
Hospital	Farmacia	Kiosco	Tasca	Panadería	Churrería

 A
 B
 C
 D
 E

 F
 G
 H
 I
 J
 K

✏ **2. Relaciona con flechas.**

1. Administración de lotería
2. Estanco
3. Panadería
4. Oficina de correos
5. Hospital
6. Kiosco
7. Farmacia
8. Tasca
9. Puesto de la ONCE

a. Pan y bollos
b. Sellos y cartas
c. Lotería y juegos de azar
d. Medicinas
e. Tabaco
f. Comidas y bebidas
g. Periódicos y revistas

💬 **3. ¿Hay en tu país algunas tiendas diferentes? ¿Cuáles?**

👁 1. **Mira la ilustración durante un minuto y luego marca lo que has visto.**

◯ Un kiosco	◯ Un buzón
◯ Un puesto de la ONCE	◯ Una oficina de correos
◯ Una cafetería	◯ Una tasca
◯ Una administración de lotería	◯ Una churrería
◯ Un hospital	◯ Un estanco

💬 a. **Describe la imagen.**

💬 b. **Elige a dos personajes e imagina el diálogo.**

🖱 ## Taller de Internet

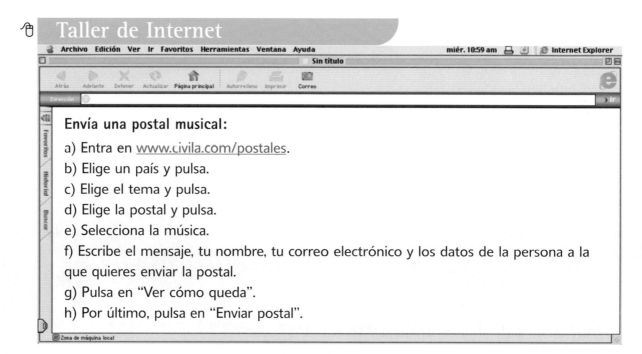

Envía una postal musical:

a) Entra en www.civila.com/postales.

b) Elige un país y pulsa.

c) Elige el tema y pulsa.

d) Elige la postal y pulsa.

e) Selecciona la música.

f) Escribe el mensaje, tu nombre, tu correo electrónico y los datos de la persona a la que quieres enviar la postal.

g) Pulsa en "Ver cómo queda".

h) Por último, pulsa en "Enviar postal".

1a. Las expresiones para manejarse en la calle:

Situar en el espacio
Cerca de / lejos de
Al lado de
A la derecha de / a la izquierda de
Enfrente de
Delante de / detrás de
Entre

1b. Y para informarte de datos personales:

¿Dónde vives?	*Vivo en la calle...*
¿En qué número?	*En el...*
¿Dónde está esa calle?	*Está cerca de...*
¿Tienes correo electrónico / teléfono?	*Mi correo es...@... . ...*
¿Cuál es tu correo electrónico?	*Es el...*
¿Cuál es tu número de teléfono?	

2a. Los números: cero, uno, dos, tres, cuatro, cinco, seis, siete, ocho, nueve, diez, once, doce, trece, catorce, quince, dieciséis, diecisiete, dieciocho, diecinueve y veinte.

2b. Las palabras de la comunicación: carta, contestador, correo electrónico, fax, mensaje, llamar, dejar un mensaje, señal y teléfono.

2c. Los lugares para orientarte: administración de lotería, ambulatorio, avenida, bingo, buzón, cafetería, calle, carretera, casa, churrería, edificios, estación de metro, estanco, farmacia, glorieta, hospital, hotel, iglesia, kiosco, monumento, museo, oficina de correos, parque, paseo, plaza, puesto de la ONCE, restaurante, río y tasca.

2d. Los verbos: desayunar, comer, merendar y cenar.

3a. El presente de los verbos regulares:

	Hablar	Beber	Vivir
Yo	*hablo*	*bebo*	*vivo*
Tú	*hablas*	*bebes*	*vives*
Él, ella, usted	*habla*	*bebe*	*vive*
Nosotros, as	*hablamos*	*bebemos*	*vivimos*
Vosotros, as	*habláis*	*bebéis*	*vivís*
Ellos, ellas, ustedes	*hablan*	*beben*	*viven*

3.b. Y de algunos irregulares:

	Querer	Tener	Repetir
Yo	*quiero*	*tengo*	*repito*
Tú	*quieres*	*tienes*	*repites*
Él, ella, usted	*quiere*	*tiene*	*repite*
Nosotros, as	*queremos*	*tenemos*	*repetimos*
Vosotros, as	*queréis*	*tenéis*	*repetís*
Ellos, ellas, ustedes	*quieren*	*tienen*	*repiten*

4 ¿A qué te dedicas?

1. Escucha y numera las imágenes.

COLEGIO "EUROPA"

necesita:

Profesor-a
de portugués.

A

B

C

D

2. Completa los datos personales de María Cardoso.

DATOS PERSONALES

Nombre: María Cardoso Figo

Dirección: Plaza de la Constitución, 23. Salamanca (España).

Teléfono: 923 21 86 45

País de nacimiento: ....

Estudios: ....

Idiomas: ....

Vida profesional: ....

Sr. Fuentes: Es usted brasileña, ¿no?

María: Sí.

Sr. Fuentes: Y es licenciada en Lenguas Modernas, ¿verdad?

María: Sí, eso es. Hablo perfectamente español e inglés y tengo conocimientos de francés.

Sr. Fuentes: Y ¿a qué se dedica ahora?

María: Trabajo en mi tesis y estoy en paro.

Sr. Fuentes: ¿Tiene experiencia como profesora?

María: Sí, en Brasil, dos años como profesora de español en una academia de idiomas.

1. ¿Qué oyes?

1. Tengo una cita con el profesor.
   Tengo una cita con el director.

2. ¿Me acompaña?
   ¿Te acompaña?

3. Es usted brasileña.
   Es usted madrileña.

4. ¿Quiere trabajar?
   ¿Quieren trabajar?

5. Le presento a Ramón Roca.
   Te presento a Ramón Roca.

6. Trabajo de profesora.
   Trabajo como profesora.

7. ¿Con nosotros?
   ¿Con vosotros?

8. ¿Puede empezar mañana?
   ¿Puedes empezar mañana?

2. Di si es verdadero (V) o falso (F).

María tiene una cita con el señor Fuentes.

La secretaria conoce a María.

María enseña idiomas en un hotel.

María está en paro.

El Sr. Roca es el Jefe del Departamento de Idiomas.

María empieza a trabajar mañana.

3. Relaciona.

1. Colegio
2. Tener una cita
3. Dominio de español e inglés
4. Tener experiencia
5. Academia
6. Jefe
7. Estar en paro
8. Conocimientos de francés
9. Tesis
10. Licenciado/a

a. La persona más importante en un trabajo.

b. Puedo comunicar en francés.

c. Tener una reunión con alguien.

d. Centro de estudios para niños y jóvenes.

e. Hablar perfectamente español e inglés.

f. Estar sin trabajo.

g. Trabajo de investigación al final de la licenciatura.

h. Persona con estudios universitarios.

i. Trabajar antes.

j. Centro de estudios especializado.

4. Y tú, ¿a qué te dedicas?

Yo soy..........................

1. Escucha estos nombres y apellidos. Todos tienen los sonidos [r] o [r̄]. Márcalo.

a. María

b. Cardoso

c. Roca

d. Durán

e. Márquez

f. Ramón

g. Jorge

h. Serra

2. Sonido [r]. Escucha y repite.

a. Señor

b. Gracias

c. Perdone

d. Por favor

e. Brasileña

f. Trabajo

g. Director

h. Profesora

3. Sonido [r̄]. Escucha y repite.

> La letra **R** se pronuncia [r̄] cuando va entre vocales (**RR**) o al principio de palabra (**R**).

a. Restaurante

b. *Renfe*

c. Recepcionista

d. Correcto

e. Correo

f. Repita

g. Arroz

h. Churros

4. Contraste [r] y [r̄]. Escucha y marca lo que oyes.

a. Ahora / Ahorra

b. Pero / Perro

c. Cero / Cerro

d. Coreo / Correo

5. Trabalenguas. Escucha y repite.

> El perro de Rosa y Roque no tiene rabo.

6. Escucha y pronuncia correctamente estas frases.

1. Es profesor en una academia.
2. ¿Puede llamar al señor Roca?
3. Puede dejar un mensaje.
4. Contestador automático.

7. Observa el mapa de España con los nombres de algunas ciudades y autonomías. Lee cinco. Tu compañero las marca.

1. ¿Qué profesión tienen?

 A
....

 B
....

 C
....

 D
....

 E
....

Actor-actriz

Azafata

Pintor-pintora

Taxista

Médico-médica

Peluquero-peluquera

Farmacéutico-farmacéutica

Mecánico

Cantante

Recepcionista

Policía

Camarero-camarera

Profesor-profesora

Secretario-secretaria

Escritor-escritora

 F
....

 G
....

 H
....

 I
....

 J
....

 K
....

 L
....

 M
....

 N
....

 Ñ
....

2. ¿Dónde trabaja? Relaciona las profesiones con los lugares de trabajo.

1. Actor
2. Mecánico
3. Camarero
4. Profesor
5. Azafata
6. Policía
7. Secretaria
8. Médico

a. Taller
b. Hospital
c. Comisaría
d. Oficina
e. Teatro
f. Avión
g. Colegio
h. Restaurante o bar

3. ¿Qué hacen? Relaciona para completar las frases.

1. El actor
2. La secretaria
3. El policía
4. El camarero
5. El farmacéutico
6. El escritor
7. La azafata
8. El director

a. Atiende a los clientes.
b. Dirige una empresa.
c. Vende medicinas.
d. Comprueba que los pasajeros están bien.
e. Recuerda las citas del jefe.
f. Hace un papel en teatro, cine o televisión.
g. Encuentra a los criminales.
h. Cuenta historias en sus libros.

4. Ahora piensa en una profesión y descríbela. Tus compañeros la adivinan.

Trabaja en un avión y comprueba que todo esté bien.

Es...................

Contracciones *AL* y *DEL* y presente de verbos irregulares

👁 1a. Observa.

> **A + EL = AL**
>
> Te presento a̶ ̶e̶l̶ director
> AL
>
> **DE + EL = DEL**
>
> Es el Jefe d̶e̶ ̶e̶l̶ Departamento.
> DEL

e > ie		
Empezar	Querer	Sentir
....	quiero	siento
....	quieres	sientes
empieza	quiere	....
empezamos	queremos	....
....	queréis	sentís
empiezan	quieren	....

o > ue		
Comprobar	Poder	Dormir
....	puedo	duermo
compruebas	puedes	....
....	puede	duerme
comprobamos	podemos	....
comprobáis	podéis	....
....	pueden	duermen

✎ 1b. Completa las frases con *EL, LA, LOS, LAS, AL, DEL.*

1. ¿Me dice .... número de teléfono .... restaurante, por favor?
2. Es .... hora .... desayuno.
3. ¿Puede llamar a .... profesora de portugués, por favor?
4. Le presento a .... director .... academia.
5. María y Susana hablan .... trabajo.
6. .... alumnos escriben una carta a .... directora.
7. Ramón está delante .... kiosco.
8. ...... azafata atiende a .... pasajero.
9. No me acuerdo de .... pregunta.
10. ¿Conoces a .... profesores?

👁 2a. Observa y completa los cuadros.
✎

> **Algunos verbos irregulares**
>
> E > IE   (querer – quiero)
> O > UE   (poder – puedo)
>
> No hay regla para saber si un verbo tiene diptongación o no.

✎ 2b. Pon las frases en singular.

1. Queremos el trabajo. ....
2. ¿Podéis venir a casa? ....
3. ¿Os acordáis de mí? ....
4. Empezamos mañana. ....
5. Los niños se duermen en el cine. ....

✎ 2c. Escribe el infinitivo de los verbos del ejercicio anterior.

✎ 2d. Pon los verbos en la persona indicada.

Infinitivo	Presente
Recordar	tú ....
Dormir	yo ....
Mover	vosotros ....
Encontrar	ustedes ....
Volar	ellas ....
Defenderse	nosotras ....
Convertir	él ....
Mentir	ella ....
Perder	usted ....
Entender	nosotros ....

Pronombres personales y verbos reflexivos en presente

3a. Observa los pronombres.

Sujeto	Con preposición	Reflexivos
Yo	*mí*	*me*
Tú	*ti*	*te*
Él, ella, usted	*él, ella, usted*	*se*
Nosotros, nosotras	*nosotros, as*	*nos*
Vosotros, vosotras	*vosotros, as*	*os*
Ellos, ellas, ustedes	*ellos, ellas, ustedes*	*se*

con + mí = *conmigo*
con + ti = *contigo*

3b. Relaciona los pronombres de las dos columnas.

1. Yo   a. Os
2. Nosotros   b. Nos
3. Vosotras   c. Te
4. Ustedes   d. Se
5. Tú   e. Mí

3c. Marca la forma correcta.

1. Tengo una cita con ...
   usted.   ti.   nos.

2. Está delante de ...
   se.   te.   ellas.

3. Luis viene con ...
   conmigo.   ti.   nosotras.

4. Quiere trabajar con ...
   mí.   me.   él.

5. ¿Vienes ...
   conmigo?   con mí?   con yo?

6. Esto es para ...
   contigo.   ti.   tú.

4a. Completa el cuadro de los verbos con pronombres reflexivos.

Divertirse	Dormirse
me *divierto*	me *duermo*
....	....
....	se *duerme*
nos *divertimos*	....
os *divertís*	....
	se *duermen*

Sentarse	Defenderse
me *siento*	....
te *sientas*	te *defiendes*
se *sienta*	se *defiende*
nos *sentamos*	....
os *sentáis*	....
se *sientan*	....

4b. Pon los verbos en presente de indicativo. Usa los pronombres reflexivos.

Te presento a mi amiga, ... Clara *(llamarse).*

Te presento a mi amiga, se llama Clara.

1. Juan .... a las siete de la mañana *(levantarse).*
2. .... en todas partes *(ella/dormirse).*
3. Nieves siempre .... al lado de la profesora *(sentarse).*
4. .... Pedro y Tomás *(nosotros/llamarse).*
5. ¿......................... de mí? *(usted/acordarse).*
6. El tren no .... *(moverse).*
7. ¿......................... por la mañana o por la noche? *(vosotros / lavarse).*

1a. Pregunta a tu compañero su profesión, como en el modelo.

Formal	Informal
¿A qué se dedica?	¿A qué te dedicas?
Trabajo de / como... + *profesión*	
Soy... + *profesión*	
Trabajo en + *lugar de trabajo*	
No trabajo	

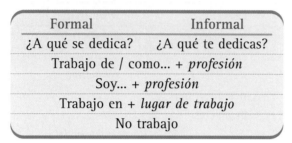

¿A qué te dedicas?

Trabajo en un hospital. Soy enfermera. ¿Y tú?

Yo no trabajo. Soy estudiante.

1b. Presenta a tu compañero, como en el modelo.

Formal	Informal
Le presento a...	Te presento a...
¿Conoce a... ?	¿Conoces a... ?
Este / Esta es...	

¿Conoces a Laura?

Hola. Mucho gusto. Yo soy Marcos.

Encantada.

....

2a. Ahora haz una entrevista de trabajo a tu compañero y rellena su currículum.

DATOS PERSONALES

Nombre: ....

Dirección: ....

Teléfono: ....

País de nacimiento: ....

Estudios: ....

Idiomas:.......................................

Vida laboral: ....

2b. Lee estos anuncios y elige el mejor para ti. ¿Por qué?

OFERTA
DEPENDIENTA se precisa para tienda de moda femenina, jornada laboral 20 horas semanales, buena presencia, don de gentes, de 20 a 30 años. Interesadas enviar C.V. a Reus, Apartado de Correos 246.
Provincia: TARRAGONA.

OFERTA
ESTUDIO de mercado. 2 días al mes, se precisan personas entre 35/40 años, imprescindible coche para empresa de estudios de mercado.
Telf.: 906 51 55 28. Ref.: 52109477.
Mensaje corto (SMS) al 7575: REF 52109477.
Provincia: TARRAGONA.

OFERTA
PRODUCTOS HOSPITALARIOS empresa mayorista ubicada en Nueva Andalucía (Marbella) necesita empleado para almacén. Envíen C.V. a la atención de M. José: Apartado de Correos 071.
Provincia: MÁLAGA.

OFERTA
SEÑORITA, se precisa para nueva oficina inmobiliaria en Vilanova. Interesadas llamar telf.: 906 51 55 28.
Ref.: 52111490.
Mensaje corto (SMS) al 7575: REF 52111490.
Provincia: BARCELONA.

1. Mira el gráfico y relaciona con las fotos.

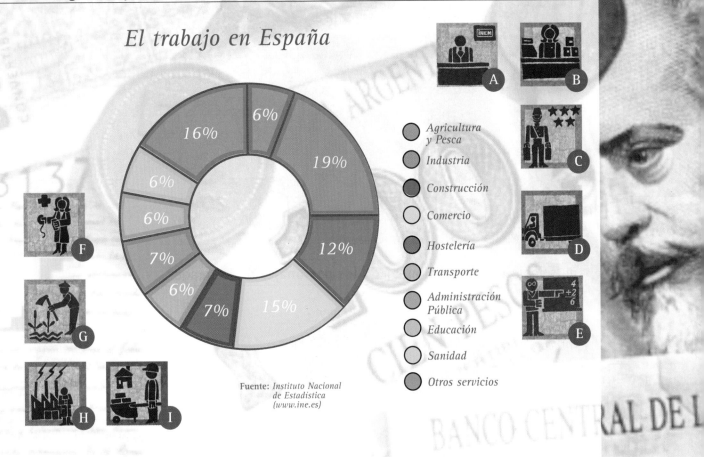

El trabajo en España

6%
16%
6%
6%
7%
6%
7%
15%
19%
12%

- Agricultura y Pesca
- Industria
- Construcción
- Comercio
- Hostelería
- Transporte
- Administración Pública
- Educación
- Sanidad
- Otros servicios

Fuente: *Instituto Nacional de Estadística (www.ine.es)*

2. ¿Qué diferencias hay con tu país?

3. ¿En qué sector trabajas tú?

4. Mira el gráfico y compara con España. Di si es verdadero (V) o falso (F).

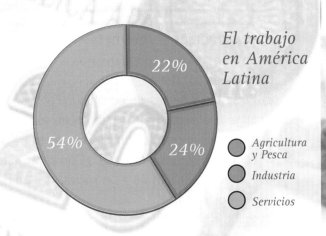

En América Latina hay más pescadores y agricultores.

En España hay más trabajadores en el sector de la industria.

Los españoles trabajan sobre todo en el sector servicios.

Las personas en América Latina trabajan sobre todo en el sector servicios.

El trabajo en América Latina

22%
54%
24%

- Agricultura y Pesca
- Industria
- Servicios

◉ 1. Mira la ilustración.

◉ a. Relaciona estos diálogos con los personajes de la imagen.

Diálogo 1

Este es mi curriculum.

Muchas gracias. ¿Tiene conocimientos de informática?

Diálogo 2

Sí, sí, tengo experiencia como recepcionista en un hotel.

Y, ¿habla idiomas?

Diálogo 3

¿Tiene experiencia como camarera? *No.*

Lo siento, el restaurante necesita una camarera con experiencia.

◔ b. Elige una de las situaciones y escribe el diálogo.

◔ c. ¿Qué dicen las tres mujeres de la fila? Imagina la conversación.

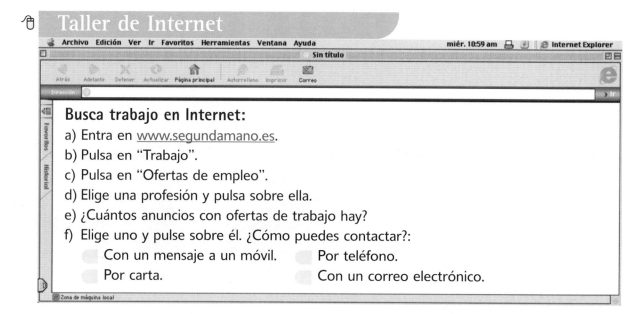

Busca trabajo en Internet:

a) Entra en www.segundamano.es.

b) Pulsa en "Trabajo".

c) Pulsa en "Ofertas de empleo".

d) Elige una profesión y pulsa sobre ella.

e) ¿Cuántos anuncios con ofertas de trabajo hay?

f) Elige uno y pulse sobre él. ¿Cómo puedes contactar?:

　Con un mensaje a un móvil. 　Por teléfono.

　Por carta. 　Con un correo electrónico.

1a. Las expresiones para presentar a alguien:

> ¿Conoce(s) a... ?
> Mira/e, este/a es...
> Te/le presento a...
> Encantado/a.

1b. Para hablar de la profesión:

> ¿A qué se dedica? / ¿A qué te dedicas?
> ¿En qué trabaja(s)?
> Trabajo como / de...
> Soy...

1c. Y para utilizar en una entrevista de trabajo:

Preguntar por un dato:	Dar una información:
¿Tiene experiencia en...?	Soy licenciado/a en...
¿Habla idiomas?	Tengo experiencia en/como...
¿Puede empezar mañana?	Hablo perfectamente...
	Tengo conocimientos de...

2a. Los datos del currículum: colegio, licenciado, experiencia, conocimiento, dominio, etc.

2b. Las profesiones: actor, azafata, pintor, taxista, médico, peluquero, farmacéutico, mecánico, cantante, recepcionista, policía, camarero, profesor, secretario, escritor, etc.

2c. Los lugares de trabajo: oficina, escuela, academia, taller, hospital, comisaría, teatro, avión, restaurante o bar, etc.

2d. Los verbos: atender, dirigir, vender, comprobar, recordar, encontrar, contar, divertirse, poder, empezar, entender, sentarse, levantarse, acordarse, etc.

3a. Presente de los verbos irregulares (e>ie, o>ue):

	e > ie	o > ue
	Querer	Poder
Yo	quiero	puedo
Tú	quieres	puedes
Él, ella, usted	quiere	puede
Nosotros, nosotras	queremos	podemos
Vosotros, vosotras	queréis	podéis
Ellos, ellas, ustedes	quieren	pueden

3b. Los pronombres:

Sujeto	Con preposición	Reflexivos
Yo	mí	me
Tú	ti	te
Él, ella, usted	él, ella, usted	se
Nosotros, nosotras	nosotros, as	nos
Vosotros, vosotras	vosotros, as	os
Ellos, ellas, ustedes	ellos, ellas, ustedes	se

> con + mí = conmigo
> con + ti = contigo

3c. Y las contracciones:

> A + EL = AL
> DE + EL = DEL

1. Escucha esta videoconferencia. Algunas palabras no se oyen bien. ¿Puedes adivinarlas?

JOSÉ MANUEL: Hola. ¿Cómo te ....?

GEMA: Gema, ¿y tú?

JOSÉ MANUEL: José Manuel. ¿De dónde ....?

GEMA: Soy española, pero ahora estoy viviendo en Buenos Aires, ¿y tú?

JOSÉ MANUEL: De Sevilla.

GEMA: ¿Y estás en Sevilla?

JOSÉ MANUEL: Sí.

GEMA: ¿Qué hora es en España?

JOSÉ MANUEL: Son las siete y veinte de la ....

GEMA: En Buenos Aires son las tres y veinte.

JOSÉ MANUEL: ¿Y no estás trabajando?

GEMA: No, yo no trabajo, soy ....

JOSÉ MANUEL: ¿Qué edad tienes?

GEMA: Diecinueve. Y tú, ¿cuántos años ....?

JOSÉ MANUEL: Hoy cumplo veinticinco.

GEMA: ¿Hoy es tu cumpleaños?

JOSÉ MANUEL: Sí.

GEMA: ¡Felicidades!

JOSÉ MANUEL: ¿Cómo? ¿Puedes ....?

GEMA: ¡Feliz cumpleaños!

JOSÉ MANUEL: ¡Ah, ...! ¿Cuándo es tu cumpleaños?

GEMA: El treinta de enero. También es lunes. ¿Te estás riendo?

JOSÉ MANUEL: Sí, estoy hablando con mis compañeros de trabajo.

GEMA: ¿Dónde ....?

JOSÉ MANUEL: Estoy en la oficina. Estamos celebrando mi cumpleaños.

GEMA: ¡¿En vuestra oficina?!

JOSÉ MANUEL: Sí, pero el horario de trabajo es hasta las siete.

GEMA: Ah. ¿Cuántos sois?

JOSÉ MANUEL: Cincuenta y dos.

GEMA: ¡Cincuenta y dos!

1. ¿Qué oyes?

1. ○ Son las siete y veinte.
   ○ Son las seis y veinte.

2. ○ ¿Cuántos años tiene?
   ○ ¿Cuántos años tienes?

3. ○ Hoy cumplo veinticinco.
   ○ Hoy cumplo treinta y cinco.

4. ○ El treinta de enero.
   ○ El treinta de febrero.

5. ○ ¿Te estás riendo?
   ○ ¿Se está riendo?

6. ○ ¿Y no están trabajando?
   ○ ¿Y no estás trabajando?

2. Di si es verdadero (V) o falso (F).

○ Gema y José Manuel tienen la misma edad.
○ José Manuel es de Sevilla.
○ El treinta de enero es sábado.
○ Gema tiene veinticinco años.
○ Gema está en paro.
○ José Manuel trabaja hasta las siete de la tarde.
○ José Manuel cumple cincuenta y dos años.
○ Hoy es el cumpleaños de Gema.
○ Entre España y Argentina hay una diferencia de cuatro horas.

3. Relaciona los dibujos con los diálogos.

1 Felicidades. ¿Cuántos años cumples? — Treinta.

A

2 ¿Cuántos años tienes? — Dos.

B

3 ¿Cómo se llama, por favor? — José Manuel García. ¿Qué edad tiene? — Veinticinco años.

C

4 ¿Puedo entrar? — No, lo siento. Son las dos y veinte. El horario es hasta las dos.

D

4. Clasifica estas frases del diálogo.

- Soy española.
- Estoy viviendo en Buenos Aires.
- ¿Y no estás trabajando?
- No, yo no trabajo, soy estudiante.
- ¿Te estás riendo?
- Estoy hablando con mis compañeros de trabajo.
- Estamos celebrando mi cumpleaños.
- El horario es hasta las siete.

Normalmente o siempre	Ahora
	Estoy viviendo en Buenos Aires.

5. Y tú, ¿cuántos años tienes? ¿Cuándo es tu cumpleaños?

La ge (g) y la jota (j)

📼 1. Escucha y repite la pronunciación de las palabras siguientes:

> La letra **G** se pronuncia [g] delante de A, O, U.

1. Jugando 2. Gonzalo 3. Gusta

> La letra **G** + la vocal **U** se pronuncian [θ] delante de E, I.

4. Miguel 5. Seguir 6. Guitarra

> La letra **G** se pronuncia [x] delante de E, I.

7. Argentina 8. Gente 9. Corregir

> La letra J siempre se pronuncia [x].

10. Javier 11. Ejemplo 12. Hijo

📼 2. Sonido [g]. Escucha y repite.

a. Goya g. Agosto

b. Belga h. Gustar

c. Bogotá i. Portugués

d. Diálogo j. Amigo

e. Paraguay k. Guitarra

f. Agua l. Segundo

📼 3. Sonido [x]. Escucha y repite.

a. Baja g. Joven

b. Jueves h. Trabajo

c. Religión i. Gerona

d. General j. Gibraltar

e. Japón k. Julio

f. Junio l. Jamón

📼 4. Contraste [x] y [g]. ¿Qué oyes?

a. ◯ Hago   b. ◯ Higo
   ◯ Ajo   ◯ Hijo

c. ◯ Gusto   d. ◯ Gota
   ◯ Justo   ◯ Jota

📼 5. Contraste [x] y [r] / [r̄]. Escribe 1 ó 2 según el orden en que lo escuches.

a. ◯ Juego   b. ◯ Caja
   ◯ Ruedo   ◯ Cara

c. ◯ Hoja   d. ◯ Jamón
   ◯ Hora   ◯ Ramón

📼 6. Escucha las frases y completa con las letras "G" o "J".

1. Me __usta __u__ar con el __ato.

2. Los __ueves mi hi__o traba__a en __erona.

3. En el mes de a__osto la __ente baila tan__os en este lu__ar.

💬 7. Piensa en otras palabras que se escriben con "ge" o con "jota". ¿Cómo se pronuncian?

Números, horas y fechas

1a. Relaciona.

a. 20 • setenta

b. 30 • noventa

c. 40 • ochenta

d. 50 • cien

e. 60 • treinta

f. 70 • veinte

g. 80 • cincuenta

h. 90 • cuarenta

i. 100 • sesenta

1b. Observa.

21 veintiuno	22 veintidós	23...
	Pero	
31 treinta y uno	32 treinta y dos	33...
41 cuarenta y uno	42 cuarenta y dos	43...

1c. Escucha las frases y señala el número correcto.

a. ○ 21   b. ○ 93   c. ○ 78
   ○ 31   ○ 73   ○ 38

d. ○ 70   e. ○ 11   f. ○ 44
   ○ 60   ○ 12   ○ 54

2. ¿Qué hora es? Mira el dibujo y luego escribe la hora debajo de cada reloj.

en punto
cinco — cinco
diez — diez
cuarto **menos** **y** cuarto
veinte — veinte
veinticinco — veinticinco
media

A
Las dos menos cuarto

B
....
....

C
....
....

D ....

E ....

F ....

G ....

H ....

I ....

3. Escribe los meses en este calendario.

septiembre, agosto, febrero, diciembre, enero,
octubre, abril, junio, julio, marzo, noviembre, mayo

ENERO

ABRIL   **JUNIO**

4. Pon en orden los días de la semana. Despues, haz frases como en el ejemplo.

lunes, jueves, miércoles, viernes, domingo,
martes, sábado

1. ....   2. ....   3. ....

4. ....   5. ....   6. ....

7. ....

Hoy es martes 30 de marzo.

Presente de verbos irregulares y *ESTAR* + gerundio

1a. Completa el cuadro.

Algunos verbos irregulares: E>I		
Repetir	Pedir	Reír
repito	....	río
repites	....	ríes
repite	pide	....
repetimos	pedimos	....
repetimos	pedimos	....
repiten	piden	....

Otros verbos: servir, vestir, despedir, etc.

1b. Pon los verbos en presente.

1. Todos los alumnos .... el ejercicio *(repetir)*.
2. Ustedes .... mucho *(pedir)*.
3. Esto no me .... *(servir)*.
4. Me .... y después desayuno *(vestir)*.
5. Rosa se .... de todo *(reír)*.
6. Me .... tú el café, ¿vale? *(pedir)*.
7. Mi hijo tiene tres años y ya se .... solo *(vestir)*.
8. En las videoconferencias hablamos y .... mucho *(reír)*.
9. Mi profesora .... siempre lo mismo *(repetir)*.
10. Los camareros no .... en las mesas *(servir)*.

1c. Clasifica los verbos.

vestir – poder – querer – despedir – servir – sentir – dormir – cerrar – mentir – divertir

E > IE	O > UE	E > I
		vestir

2a. Observa la formación del gerundio.

Verbos –AR	Verbos –ER o –IR
+ ANDO	+ IENDO
(hablar: hablando)	(beber: bebiendo)
	(vivir: viviendo)
Algunos gerundios irregulares	
decir	diciendo
dormir	durmiendo
pedir	pidiendo
poder	pudiendo
sentir	sintiendo
ser	siendo

2b. Escribe el infinitivo.

a. Llamando ....
b. Siendo ....
c. Respondiendo ....
d. Pidiendo ....
e. Comprendiendo ....
f. Pudiendo ....
g. Celebrando ....
h. Escribiendo ....
i. Pronunciando ....
j. Sintiendo ....
k. Deseando ....
l. Diciendo ....

3a. Observa.

Estar	
estoy	
estás	
está	+ gerundio
estamos	
estáis	
están	

ESTAR + GERUNDIO

Se utiliza para decir lo que una persona hace en el momento de hablar. Ejemplo: Ahora estoy comiendo.

Presente de *ESTAR* + gerundio y los posesivos

3b. Completa las frases con el verbo *ESTAR* y el gerundio.

1. Cecilia .... *(navegar)* por Internet.

2. Yo .... *(hacer)* la comida.

3. Neus .... *(repetir)* la lección.

4. Marta y Lucía .... *(hablar)*.

5. ¿Tú .... *(escuchar)* la radio?

6. Nosotras ya .... *(desayunar)*.

7. ¿Vosotros .... *(imprimir)* el documento?

8. Nosotros .... *(completar)* este cuadro.

3c. Completa con el presente o con *ESTAR* + gerundio.

1. Las tiendas .... *(abrir)* a las 9 y media.

2. Mira, ya .... *(abrir/ellos)* la panadería. Vamos a comprar pan.

3. .... *(ser/ella)* de Quito, pero ahora .... *(vivir/ella)* en Cuzco.

4. – ¿En qué .... *(trabajar/tú)*?
   • .... *(trabajar/yo)* en un banco.

5. – ¿Qué .... *(hacer)* ahora?
   • Juan y yo .... *(estudiar)*.

6. – ¿Dónde .... *(estar)* Juan?
   • ....*(trabajar)*.

7. – ¿Puedes venir un momento?
   • No puedo .... *(hablar)* por teléfono.

8. Normalmente................. *(hablar/ellos)* en portugués. Pero ahora .... *(hablar)* en español con sus alumnos.

4a. Observa.

Mi casa — *Mis perros* — *Nuestros hijos* — *Nuestra casa*

Una persona		Varias personas	
Una cosa	Varias cosas	Una cosa	Varias cosas
mi	mis	nuestro, a	nuestros, as
tu	tus	vuestro, a	vuestros, as
su	sus	su	sus

4b. Completa con el posesivo de la persona indicada.

(Nosotros) Es nuestro amigo.

1. *(Ellos)* Es .... país.

2. *(Nosotras)* Es .... autobús.

3. *(Ustedes)* Es .... profesora.

4. *(Yo)* Son .... naranjas.

5. *(Tú)* ¿Es .... número de teléfono?

6. *(Vosotros)* Es .... dirección.

7. *(Usted)* ¿Son .... compañeros?

8. *(Ella)* Es .... desayuno.

4c. Completa las frases como en el ejemplo.

Daniela es mexicana. Su país es México.

1. Roberto es brasileño. ....

2. Tú y yo somos franceses. ....

3. Eres italiano. ....

4. Mis amigas son alemanas. ....

5. Sois japoneses. ....

6. Soy español. ....

7. Somos ingleses. ....

8. Eva y Paloma son chilenas. ....

Hablar de horas, horarios y hábitos cotidianos

1. Pregunta a todos tus compañeros cuántos años tienen y cuándo es su cumpleaños. Completa el cuadro.

Nombre	Edad	Día	Mes
Miguel	21	26	Julio

2. Observa el cuadro e indica las horas en los países.

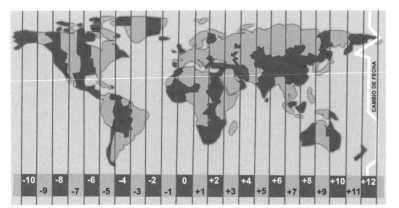

Si aquí son las 5 y media, ¿qué hora es en...?

3. Pregunta a tu compañero su horario de trabajo o de clases.

Tú trabajas, ¿verdad?

¿Cuál es tu horario?

Sí.

De 8 y media de la mañana a una y media.

4. Elige un nombre para cada persona y tu compañero lo adivina.

Enrique - Jorge - Samuel - Elena - Natalia - Daniel - Carlos

Daniel está escuchando música.

5. ¿Qué estoy haciendo? Juego de mímica: simula una acción y los demás adivinan.

¿Qué estoy haciendo?

Estás comiendo.

Fiestas populares de España

1. Lee el texto y relaciona con las imágenes.

Los Sanfermines	Es la fiesta más conocida de España. Empieza el 7 de julio. Por la mañana, los jóvenes corren delante de los toros por las calles de Pamplona hasta la plaza.
La Feria de Abril	Es una fiesta de mucha alegría y mucha música flamenca. La ciudad de Sevilla se llena de colores.
Las procesiones de Semana Santa	Son una unión de arte y religión. Las imágenes religiosas salen a las calles. Las procesiones de Sevilla y de Valladolid son las más famosas.
Las Fallas	En la noche del 19 de marzo en las calles y plazas de Valencia se queman grandes monumentos de cartón. Así saludan a la primavera, con fuego.
El Carnaval	En febrero llega esta fiesta muy popular en varias ciudades del país, como en Santa Cruz de Tenerife y en Cádiz. Es la fiesta de los disfraces.
Nochevieja	A las doce de la noche del 31 de diciembre los españoles toman doce uvas, una por cada campanada, como signo de buena suerte para el Año Nuevo.
El día de Reyes	La noche del 5 de enero los tres Reyes Magos entran en las casas para traer a los niños los regalos de Navidad.

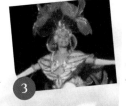

2. Completa el cuadro.

Fiesta	Ciudad	Fecha	Una palabra clave
Los Sanfermines	Pamplona	7 de julio	toros

3. ¿Cuáles son las fiestas más importantes de tu país?

1. La fiesta de cumpleaños. Observa la escena.

a. ¿De quién es el cumpleaños? ¿Cuántos años cumple?

b. ¿Qué hora es?

c. Di qué está haciendo cada persona.

d. ¿Quién dice estas frases?

1. ¡Feliz cumpleaños!
2. Hola, bienvenido a la fiesta.
3. Muchas gracias. ¿Qué es esto?
4. ¿Quieres limonada?
5. Estoy en una fiesta de cumpleaños.

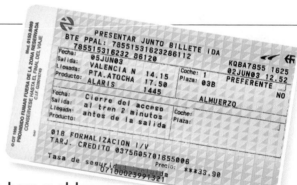

2. El regalo es un viaje. Indica la fecha, la hora y el lugar.

Taller de Internet: de fiestas

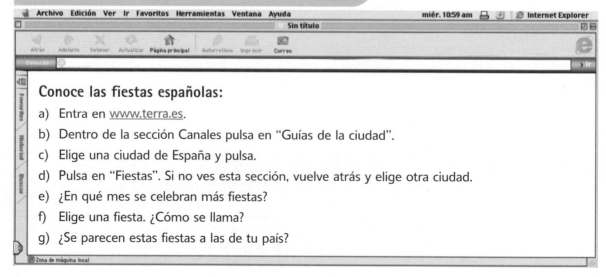

Conoce las fiestas españolas:

a) Entra en www.terra.es.

b) Dentro de la sección Canales pulsa en "Guías de la ciudad".

c) Elige una ciudad de España y pulsa.

d) Pulsa en "Fiestas". Si no ves esta sección, vuelve atrás y elige otra ciudad.

e) ¿En qué mes se celebran más fiestas?

f) Elige una fiesta. ¿Cómo se llama?

g) ¿Se parecen estas fiestas a las de tu país?

1a. Las expresiones para hablar del tiempo:

¿Qué hora es? / ¿Tienes hora?	Son las...
¿A qué hora...?	A las...
¿Qué día es...?	Hoy es...

1b. Para informarte de datos personales:

¿Cuántos años tienes?	Tengo...
¿Cuándo es tu cumpleaños?	Es el...

1c. Y para felicitar: ¡Felicidades! ¡Muchas felicidades! ¡Feliz cumpleaños!

2a. Los números: veinte, veintiuno, veintidós,..., treinta, treinta y uno, treinta y dos...

2b. Los meses del año: enero, febrero, marzo, abril, mayo, junio, julio, agosto, septiembre, octubre, noviembre, diciembre.

2c. Los días de la semana: lunes, martes, miércoles, jueves, viernes, sábado y domingo.

3a. Presentes irregulares (E > I):

	Pedir
Yo	*pido*
Tú	*pides*
Él, ella, usted	*pide*
Nosotros, as	*pedimos*
Vosotros, as	*pedís*
Ellos, ellas, ustedes	*piden*

3b. La formación del gerundio:

Verbos –AR	Verbos –ER o –IR
+ ANDO	**+ IENDO**
(hablar: hablando)	(beber: bebiendo)
	(vivir: viviendo)
Algunos gerundios irregulares	
decir	*diciendo*
dormir	*durmiendo*
pedir	*pidiendo*
poder	*pudiendo*
sentir	*sintiendo*
ser	*siendo*

3c. Para decir lo que una persona hace en el momento de hablar:

	Estar	
Yo	*estoy*	
Tú	*estás*	
Él, ella, usted	*está*	+ gerundio
Nosotros, as	*estamos*	
Vosotros, as	*estáis*	
Ellos, ellas, ustedes	*están*	

3d. Y los posesivos:

Una persona		Varias personas	
Una cosa	Varias cosas	Una cosa	Varias cosas
mi	*mis*	*nuestro, a*	*nuestros, as*
tu	*tus*	*vuestro, a*	*vuestros, as*
su	*sus*	*su*	*sus*

1. Lee este anuncio y escribe el nombre de las partes de la casa.

Buscamos estudiante joven para compartir casa de dos pisos con jardín, tres habitaciones con terraza, dos cuartos de baño, cocina y salón, garaje. Zona tranquila, a 2 Km del centro de Madrid. Raquel. Teléfono: 914306219. raquel@ya.es

habitaciones

....

....

salón

2. Escucha y completa los nombres de las partes de la casa y los miembros de la familia.

LOLA: Hola, Raquel. Mira, esta es mi madre. Mamá, esta es Raquel, la compañera de la casa.

RAQUEL: Hola.

JULIA: Encantada, Raquel. ¿Dónde pongo esta lámpara?

RAQUEL: De momento, allí, al lado del sofá o encima del sillón.

LOLA: ¿Te gusta la casa, mamá? Aquí abajo están el .... y el comedor. A la izquierda está la .... y a la derecha hay un cuarto de .... pequeño.

JULIA: El .... me gusta, es muy bonito. ¿Y las habitaciones?

LOLA: Están arriba.

MARIO: ¡Aquí está la cama de mi .... Lola!

JAVIER: ¡Y aquí está la mesa de mi .... Lola!

ÓSCAR: ¡Y aquí está la silla de mi tía Lola!

LOLA: ¡Papá, Mario, Óscar, por favor! Siempre están jugando.

RAQUEL: Son muy simpáticos.

LOLA: El alto es Mario, mi .... Javier es mi .... y el pequeño es mi sobrino, el .... de Mario.

RAQUEL: ¡Hola a todos!

TODOS: ¡Hola!

LOLA: ¿Subimos a las ...., mamá? Mira, ahí al final del pasillo está el .... de baño. Y esta es mi ....

JULIA: Me gusta, es grande. ¡Y hay una ....!

RAQUEL: Sí, es alegre, pero pequeña.

1. ¿Qué oyes?

1. ⬜ ¿Dónde pongo esta lámpara?
   ⬜ ¿Dónde pones la lámpara?
2. ⬜ El salón me gusta.
   ⬜ El salón no me gusta.
3. ⬜ Aquí está la cama.
   ⬜ Allí está la cama.
4. ⬜ Este es mi sobrino.
   ⬜ Ese es mi sobrino.
5. ⬜ Esta es mi habitación.
   ⬜ Está mi habitación.

2. Di si es verdadero (V) o falso (F).

⬜ Raquel y Lola son compañeras de casa.

⬜ Las habitaciones están abajo.

⬜ A la madre de Lola no le gusta el salón.

⬜ En el salón hay un sofá.

⬜ Mario es alto.

⬜ El sobrino de Lola se llama Óscar.

⬜ En la casa hay dos cuartos de baño.

3a. Lee el texto sobre la familia de Lola.

Esta es la foto de mi familia. Somos ocho. Yo soy la chica delgada y estoy entre mi padre y mi madre, se llaman Javier y Julia. Mi padre es el de gafas. Es muy simpático.

A la derecha de mi padre están mis abuelos, Dolores y Pascual, son los padres de mi madre. Son ya mayores, pero muy alegres. El chico alto, guapo y de bigote es mi hermano Mario. Lucía, la mujer rubia, es su esposa, mi cuñada. Es una mujer muy inteligente. Es profesora en la universidad. Ellos tienen un hijo de siete años: es mi sobrino Óscar. Es muy divertido.

3b. Completa las frases.

> hermano/a – tío/a – cuñado/a – nieto/a –
> abuelo/a – madre – hijo/a – esposo/a

1. Julia es la .... de Javier.
2. Julia y Javier son los .... de Óscar.
3. Lucía es la .... de Óscar.
4. Lola y Mario son ....
5. Lola es la .... de Óscar.
6. Lola y Mario son los .... de Dolores y Pascual.
7. Lucía y Lola son ....
8. Julia es .... de Dolores y Pascual.

3c. ¿Cómo son? Relaciona.

a. Mario es...	1. rubia y muy inteligente.
b. Óscar es...	2. gafas.
c. Javier, Mario y Óscar son...	3. simpáticos.
d. Javier tiene...	4. muy divertido.
e. Lucía es...	5. alto y tiene bigote.

4. Haz el árbol de tu familia y explícalo.

1. Escucha y repite la pronunciación de las palabras siguientes.

> La letra **L** se pronuncia [l]

1. Lámpara   2. Hablamos   3. Árbol

> La letra **Y** se pronuncia [i] si va sola o a final de palabra

4. Y   5. Soy   6. Rey

> La letra **LL** y la **Y** (a principio de palabra o en medio) se pronuncian [y]

7. Llamar   8. Llorar   9. Paella

10. Yo   11. Ayer   12. Uruguayo

2. Sonido [l]. Escucha y repite.

a. Novela   d. Lengua

b. Libro   e. Fundamental

c. Abril   f. Feliz

3. Sonido [y]. Escucha y repite.

a. Lluvia   d. Apellido   g. Desayuno

b. Llorar   e. Calle   h. Taller

c. Yegua   f. Playa   i. Yogur

4. Sonido [i]. Escucha y repite.

a. Y   c. Voy   e. Hay

b. Rey   d. Estoy   f. Paraguay

5. Contraste [l] y [y]. ¿Qué oyes?

a.   Loro   b.   Alá

    Lloro   Allá

c.   Polo   d.   Vale

    Pollo   Valle

6. Contraste [l] y [r]. Escribe 1 ó 2 según el orden en que lo escuchas.

a.   Hola   b.   Pala

    Hora   Para

c.   Hablamos   d.   Abril

    Abramos   Abrir

7. Piensa en otras palabras y díctaselas a tu compañero.

La casa y adjetivos de descripción

1a. Lee y después escribe en el plano de la casa las partes de este piso.

Me gusta mi nuevo piso. Está en el sexto, pero el edificio tiene ascensor. La habitación pequeña está enfrente de la entrada. Sigues por el pasillo y a la derecha está la habitación grande y después un cuarto de baño. Al final está la cocina. Al final del pasillo, a la izquierda, están el salón y el comedor. Hay otra habitación más y otro cuarto de baño.

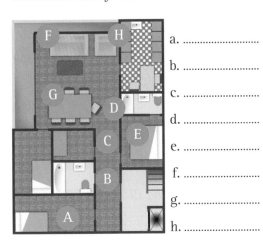

a. ....

b. ....

c. ....

d. ....

e. ....

f. ....

g. ....

h. ....

1b. Relaciona estas palabras con las fotos.

> mesa, sillón, estantería, lámpara, silla, sofá, cama, planta, armario.

....

....

....

....

....

....

....

....

2a. Observa las imágenes y relaciona los contrarios.

delgado, a

viejo, a

alto, a

moreno, a

joven

gordo, a

rubio, a

feo, a

guapo, a

bajo, a

2b. Relaciona.

simpático, a

aburrido

inteligente

antipático, a

divertido, a

tonto, a

2c. Describe a una persona de la clase. Tus compañeros adivinan quién es.

👁 **1a. Observa:**

> HAY + un(o), una, unos, unas (+ sustantivo)
> *Hay una (mesa).*
> HAY + un(o), dos, tres... (+ sustantivo)
> *Hay dos cuartos de baño.*
> HAY + sustantivo
> *En mi habitación no hay terraza.*

> ESTÁ(N) + el, la, los, las + sustantivo
> *A la derecha está la cocina.*
> ESTÁ(N) + preposición
> *La mesa está a la derecha de la cama.*

✎ **1b. Completa con *HAY* o *ESTÁ(N)*.**

1. En esta calle .... dos restaurantes.
2. Cerca de aquí .... la Puerta del Sol.
3. Al final del pasillo .... la terraza.
4. En mi casa no .... animales.
5. ¿............ una farmacia por aquí, por favor?
6. Mis sobrinos .... en su habitación.
7. ¿Dónde .... el cuarto de baño, por favor?
8. ¿............ un estanco cerca, por favor?
9. Las lámparas .... encima de la cama.
10. .... una habitación.

👁 **2a. Observa.**

Adverbios		Masculino	Femenino	Neutro
aquí	- lejos	este, estos	esta, estas	esto
ahí		ese, esos	esa, esas	eso
allí	+ lejos	aquel, aquellos	aquella, aquellas	aquello

✎ **2b. Señala la respuesta correcta.**

1. Mi casa es ...... de allí.
   - esta
   - aquello
   - aquella

2. ¿Conoces a ...... persona de ahí?
   - ese
   - esa
   - esta

3. ...... restaurante está aquí cerca.
   - Eso
   - Este
   - Aquel

4. ...... de allí no son mis hijos.
   - Aquellas
   - Estos
   - Aquellos

✎ **2c. Completa los diálogos con *AQUÍ, AHÍ, ALLÍ*.**

1. • Mira, esa es mi hermana Lourdes.
   ◦ ¿Cuál, aquella morena?
   • No, no. Esa de ....

2. • Aquella mujer de .... es mi madre.
   ◦ ¿La rubia?
   • Sí, sí.

3. • ¿Comemos en aquel restaurante?
   ◦ ¿En cuál, es ese de ....?
   • No, hombre. En aquel de ....

4. • ¿Qué es eso?
   ◦ ¿El qué, esto?
   • No, no. Eso de ....

El verbo *GUSTAR*. Cuantificadores. *TAMBIÉN, TAMPOCO*

3a. Observa.

(no)	me te le	GUSTA	la casa este sofá tu hermano
	nos os les	GUSTAN	las casas estos sofás tus hermanos

3b. Completa con *GUSTA* o *GUSTAN*.

1. A Lola le .... su habitación.

2. A mí no me .... el café.

3. A mis padres les .... la terraza.

4. ¿Os .... aquellas chicas?

5. No nos .... el restaurante.

6. ¿A ti te .... esas lámparas?

3c. Relaciona.

1. A mí   a. Me

2. A Juan y a Pedro   b. Te

3. A usted   c. Le

4. A nosotras   d. Nos

5. A ti   e. Os

6. A ella   f. Les

7. A vosotros   g. Le

3d. Escribe el pronombre personal correcto: *ME, TE, LE, NOS, OS, LES*.

1. A nosotros .... gusta la playa.

2. ¿A ti ...... gusta mi sombrero?

3. A ella .... gustan los chicos altos.

4. ¿A ustedes .... gusta el cine?

5. A mis amigos .... gustan las rubias.

6. A Luis no .... gustan los aviones.

4a. Ordena los cuantificadores de más a menos.

Un poco   Nada

Mucho   Bastante

4b. Responde las preguntas.

1. ¿Te gusta el tango? ....

2. ¿Te gustan los deportes? ....

3. ¿Os gusta esta ciudad? ....

4. ¿Os gusta el cine? ....

5. ¿Os gustan las fiestas? ....

6. ¿Te gusta el café? ....

5a. Observa.

> **TAMBIÉN, TAMPOCO**
> - *A mí me gusta este sofá.*
> - *A mí también.*
> - *A mí no.*
>
> - *No me gusta esta lámpara.*
> - *A mí tampoco.*
> - *A mí sí.*

5b. ¿Y a ti?

1. Me gusta la comida italiana. ....

2. No me gusta el fútbol. ....

3. Me gusta el rock. ....

4. No me gusta el cine romántico. ....

5. No me gusta el chocolate. ....

6. Me gusta el café. ....

Describir la casa y a las personas

1a. Relaciona.

A

Es rubio.
Es moreno.

B

C

Tiene barba.
Tiene bigote.

D

E

Lleva gafas.
Lleva sombrero.

F

1b. Piensa en una persona y tu compañero te hace preguntas para adivinarlo.

1 Dalí

2 Isabel Allende

3 Frida Kahlo

4 Vargas Llosa

5 Penélope Cruz

6 Jeniffer López

7 Antonio Banderas

8 Ricky Martin

9 Shakira

10 Enrique Iglesias

11 Pablo Picasso

12 García Márquez

> Es + adjetivo   Es alto/a...
> Tiene + sustantivo   Tiene el pelo largo, corto...
>   Tiene bigote, barba...
> Lleva + sustantivo   Lleva gafas, sombrero...

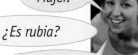
¿Es hombre o mujer?

Mujer.

¿Es rubia?

No, es morena.

1c. Descríbete a ti mismo. Después mezclamos las descripciones. Elige una y léela. ¿Quién es?

> **¿Cómo te ves?**
> Soy un hombre joven, alto
> y guapo. Soy inteligente, pero un
> poco aburrido.

2a. Dibuja tu casa y descríbelos.

TIENE	un salón, dos habitaciones, un mesa...
ES	grande, pequeño, alegre...
HAY	una cocina, dos sillas, una terraza...
El/la/los/las + sustantivo	**ESTÁ(N)** en, cerca de, al lado de...

2b. Describe tu habitación y tu compañero la dibuja al mismo tiempo.

En España	En América
piso, apartamento	departamento
habitación, cuarto	pieza
ascensor	elevador

Tu habitación

La habitación de tu compañero

La población étnica de América Latina

1. Lee el texto.

La población de América Latina crece muy deprisa, por eso la mayoría de sus habitantes son muy jóvenes: más del 30% tiene menos de 15 años. Estos son los habitantes por países:

País	Habitantes	País	Habitantes
Argentina	36.578.000	Nicaragua	4.983.000
Bolivia	8.143.000	Panamá	2.816.000
Chile	15.018.000	Paraguay	5.353.000
Colombia	41.566.000	Perú	25.662.000
Costa Rica	3.933.000	Puerto Rico	3.850.000
Cuba	11.159.000	Rep. Dominicana	8.364.000
Ecuador	12.411.000	Uruguay	3.313.000
El Salvador	6.159.000	Venezuela	23.704.000
Guatemala	11.090.000		
Honduras	6.316.000	**Total**	**327.789.000**
México	97.367.000		

Con la llegada de los españoles a América empezó la mezcla de etnias. Estos son los grupos étnicos más importantes de América Latina:

Indios: son de origen asiático. En Guatemala, Ecuador, Perú, Bolivia y México son muy numerosos.

Blancos: de origen europeo. Son mayoría en Argentina, Uruguay, Chile y Costa Rica.

Mestizos: mezcla de indio y blanco. Es el grupo más numeroso en Nicaragua, Honduras, El Salvador, Venezuela y Paraguay.

Negros: los europeos los llevaron de África a América como esclavos. Viven sobre todo en Cuba, Puerto Rico, República Dominicana y Colombia.

Mulatos: mezcla de negro y blanco.

2. Localiza los países en el mapa de este libro e indica dónde están.

3. ¿Qué país tiene más habitantes?

4. Di si es verdadero (V) o falso (F).

La mayoría de los habitantes de América Latina son jóvenes.

Los padres de un mulato son de origen indio y negro.

En Guatemala viven muchos indios.

Los negros llegaron a América desde Asia.

En Cuba hay muchos mulatos y negros.

La mayoría de los chilenos son mestizos.

Los padres de una mestiza son de origen indio y blanco.

Síntesis

👁 **1. Observa la imagen.**

💬 **a. Describe un piso. ¿Qué hay?**

💬 **b. Elige a una persona, di cómo es y qué está haciendo.**

📖 **c. Buscas piso y encuentras estas dos ofertas. Compáralos. ¿Cuál te gusta más? ¿Por qué?**

ATOCHA, piso 4 dormitorios, salón, cocina, 2 baños, 2 terrazas, amueblado, muy soleado, ascensor, junto al metro. Comunidad incluida. Precio: 990,00 euros. Telf.: 806 51 55 06.

AUSTRIAS, piso 100 m², 2 dormitorios, salón, cocina, 2 baños completos, exterior, muy luminoso, aire acondicionado, calefacción individual, ascensor, nueva construcción lujo, 4 balcones. Precio: 1.440,00 euros. mariao@yahoo.es Telf.: 770 72 44 34.

🖱 ## Taller de Internet

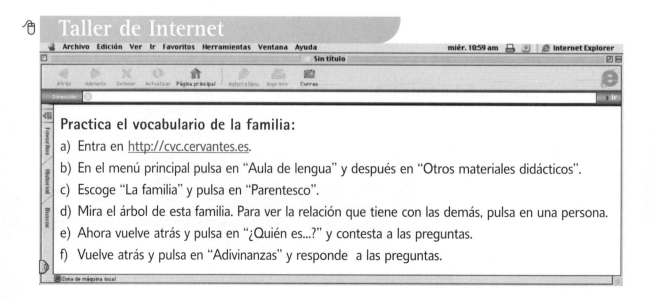

Practica el vocabulario de la familia:

a) Entra en http://cvc.cervantes.es.

b) En el menú principal pulsa en "Aula de lengua" y después en "Otros materiales didácticos".

c) Escoge "La familia" y pulsa en "Parentesco".

d) Mira el árbol de esta familia. Para ver la relación que tiene con las demás, pulsa en una persona.

e) Ahora vuelve atrás y pulsa en "¿Quién es...?" y contesta a las preguntas.

f) Vuelve atrás y pulsa en "Adivinanzas" y responde a las preguntas.

1a. Las expresiones para ubicar objetos:

> ¿Dónde está... ?   Está en ...
> ¿Hay un / a ... ?   Hay un / a ...
> ¿Dónde pongo... ?

1b. Y para expresar gustos:

> (No) me gusta mucho / bastante
> un poco / nada

2a. Los miembros de la familia: hermano, tío, cuñado, nieto, abuelo, madre, padre, hijo, esposa, marido, etc.

2b. Las partes de la casa: habitación, entrada, pasillo, cuarto de baño, salón, comedor, cocina, terraza, etc.

2c. Los muebles: mesa, sillón, estantería, lámpara, escritorio, silla, sofá, cama, armario, etc.

2d. Los adjetivos de descripción física: delgado, viejo, alto, moreno, joven, gordo, rubio, feo, guapo, bajo, etc.

2e. Los adjetivos de descripción del carácter: simpático, triste, antipático, divertido, tonto, inteligente, aburrido, etc.

3a. El contraste *HAY* y *ESTÁ(N)*:

> HAY + un(o), una, unos, unas (+ sustantivo)
> *Hay una (mesa).*
> HAY + un(o), dos, tres... (+ sustantivo)
> *Hay dos cuartos de baño.*
> HAY + sustantivo
> *En mi habitación no hay terraza.*

> ESTÁ(N) + el, la, los, las + sustantivo
> *A la derecha está la cocina.*
> ESTÁ(N) + preposición
> *La mesa está a la derecha de la cama.*

3b. El verbo *GUSTAR*:

(No)	me te le	GUSTA	la casa. este sofá. tu hermano.
	nos os les	GUSTAN	las casas. estos sofás. tus hermanos.

3c. Los adverbios de lugar y los demostrativos:

Adverbios		Masculino	Femenino	Neutro
aquí	- lejos	*este, estos*	*esta, estas*	*esto*
ahí		*ese, esos*	*esa, esas*	*eso*
allí	+ lejos	*aquel, aquellos*	*aquella, aquellas*	*aquello*

1. Escucha y señala los dibujos relacionados con la vida de esta persona.

1. ¿Qué oyes?

1.   Por favor, sin risas.
      Por favor, sonrisas.

2.   Nació el 20 de julio.
      Nací el 20 de julio.

3.   También fue la primera vez.
      También fui la primera vez.

4.   Me compré una moto.
      Me compró una moto.

5.   Le duele la cabeza.
      Me duele la cabeza.

2. Relaciona las frases con los dibujos.

1. Me saqué el carné de conducir.
2. El hombre pisó la Luna.
3. Me caí de la cuna.
4. Conduce mi mujer y yo me siento detrás.
5. Me rompí un brazo y una pierna.
6. Siniestro total.

A

B

C

D

E

F

3. Marca los años en el orden en que los escuches.

   1969: mil novecientos sesenta y nueve.

   1991: mil novecientos noventa y uno.

   1997: mil novecientos noventa y siete.

4. Relaciona las columnas. Después escribe la biografía de Reinaldo.

a. En 1969   1. me licencié.
b. En 1991   2. tuve un accidente grave.
c. A los 16 años
d. Primero   3. trabajé en un hospital.
e. En el año 1997
f. Después del pueblo   4. trabajé de médico en un pueblo.
     5. me casé.
     6. nací.

Biografía:

....
....
....

5. Cuenta tu vida en pocas palabras.

nací – de pequeño viví – estudié – trabajé – me casé...

....
....
....
....
....
....

La sílaba tónica y la tilde

1. Escucha y repite.

> Normalmente, las palabras terminadas en consonante (excepto **N** y **S**) llevan el acento tónico en la última sílaba.

1. Hos-pi-**tal**   2. Mu-**jer**   3. Fe-**liz**

> Y, de no ser así, llevan un acento escrito (o tilde) en la sílaba donde está el acento tónico.

4. Re-ga-**ló**   5. Sa-**lón**   6. De-**trás**

> Normalmente, las palabras terminadas en vocal, N y S llevan el acento tónico en la penúltima sílaba.

7. E-**jem**-plo   8. Com-**pra**-ron   9. **No**-ches

> Y, de no ser así, llevan un acento escrito (o tilde) en la sílaba donde está el acento tónico.

10. **Ár**-bol   11. Ca-**rác**-ter   12. **Lá**-piz

> Todas las palabras que llevan el acento tónico en la antepenúltima sílaba llevan tilde en esa sílaba.

13. **Mé**-di-co 14. **Mú**-si-ca 15. A-**mé**-ri-ca

2a. Subraya la sílaba tónica y clasifica las palabras en este cuadro.

a. Suerte
b. Aquí
c. Persona
d. Compraron
e. Regaló
f. Sábado
g. Plátano
h. Medicina
i. Hospital
j. Detrás
k. Niños
l. Teléfono

• ●	● •

• • ●	• ● •	● • •

• • ● •	• ● • •

2b. Escucha y comprueba.

3. Escucha y pon la tilde si es necesario.

a. Martinez
b. Lunes
c. Autobus
d. Abril
e. Paquistani
f. Facil
g. Mecanico
h. Actor
i. Septimo
j. Feliz
k. Lampara
l. Sofa

4. ¿Qué oyes?

a. Hablo / Habló
e. Regalo / Regaló

b. Carne / Carné
f. Quito / Quitó

c. Paso / Pasó
g. Esta / Está

d. Duro / Duró
h. Ahorro / Ahorró

5. Dictado.

Números, momentos de la vida y el cuerpo humano

1a. Observa.

101 ciento uno	110 ciento diez	111 ciento once
150 ciento cincuenta		151 ciento cincuenta y uno
200 doscientos	300 trescientos	400 cuatrocientos
500 quinientos	600 seiscientos	700 setecientos
800 ochocientos	900 novecientos	1.000 mil
2.000 dos mil	5.000 cinco mil	10.000 diez mil

1b. Escribe en letras.

515 ....

984 ....

1.022 ....

2.476 ....

5.003 ....

9.257 ....

2a. La vida de Doña Carlota. Relaciona las ilustraciones con las expresiones. Hay tres momentos de su vida sin ilustración. ¿Cuáles son?

1. Divorciarse.
2. Crecer.
3. Empezar a trabajar.
4. Morirse.
5. Tener hijos.
6. Casarse.
7. Jubilarse.
8. Volver a casarse.
9. Nacer.
10. Licenciarse.
11. Enamorarse.
12. Estudiar en la universidad.

2b. Con las palabras y expresiones del ejercicio anterior inventa la vida de doña Carlota.

Doña Carlota nació y creció en La Habana. En 1953 entró en la universidad para estudiar Medicina. En 1960 ....
....
....

3. ¿Qué le duele? Escribe las partes del cuerpo.

el estómago - la muela - el brazo - el pie - la mano - la pierna - la cabeza - el oído - el ojo - la garganta

a. ....
b. ....
c. ....
d. ....
e. ....
f. ....
g. ....
h. ....
i. ....
j. ....

👁 1a. Observa.

| Terminaciones del Pretérito Indefinido regular ||
Verbos en –AR	Verbos en –ER y en –IR
–é	–í
–aste	–iste
–ó	–ió
–amos	–imos
–asteis	–isteis
–aron	-ieron

✎ 1b. Completa el cuadro.

Hablar	Beber	Vivir
hablé	....	....
....	*bebiste*	....
....	....	*vivió*
hablamos	....	....
....	*bebisteis*	....
....	....	*vivieron*

✎ 1c. Completa las frases con el Pretérito Indefinido.

1. Mis padres .... toda la vida en Barcelona *(vivir)*.
2. Yo .... el 26 de febrero de 1964 *(nacer)*.
3. Mi hija .... Medicina, pero después .... Derecho *(comenzar) (cstudiar)*.
4. Usted .... de médico en un pueblo, ¿no? *(trabajar)*.
5. El año pasado tú .... 50 años *(cumplir)*.
6. Hola Juan, ¿qué tal? ¿Te .... *(casar)*?
7. Mi madre .... en dos días *(curarse)*.

✎ 2a. Pretéritos Indefinidos irregulares. Completa el cuadro.

Ser/ir	Estar	Tener	Hacer
fui	*estuve*	*tuve*	*hice*
....	....	....	*hiciste*
fue	*estuvo*	*tuvo*	*hizo*
....	....	....	*hicimos*
....	....	....	*hicisteis*
....	....	....	*hicieron*

✎ 2b. ¿Qué hicieron ayer? Observa los dibujos y completa el cuadro.

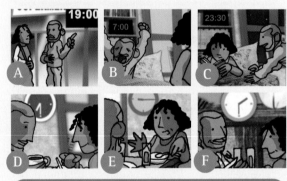

Por la mañana	Por la tarde	Por la noche
se levantaron	....	....
....	....	....
....	....	....

✎ 2c. Escribe el Indefinido de estos verbos en la persona indicada.

a. Estar *(yo)* ....
b. Beber *(nosotros)* ....
c. Hacer *(usted)* ....
d. Estudiar *(tú)* ....
e. Vivir *(ella)* ....
f. Caerse *(ellos)* ....
g. Tener *(vosotras)* ....
h. Levantarse *(yo)* ....
i. Trabajar *(yo)* ....
j. Ser *(tú)* ....
k. Hablar *(usted)* ....
l. Desayunar *(tú)* ....

El verbo *DOLER* y las frases exclamativas

3a. Observa.

DOLER		
Me		la cabeza
Te	DUELE	la pierna
Le		el estómago
Nos		las muelas
Os	DUELEN	los oídos
Les		los pies

3b. Escribe frases con *DUELE* o *DUELEN* debajo de cada dibujo.

....
....

....
....

....
....

....
....

....
....

....
....

....
....

....
....

....
....

....
....

3c. Completa con *DUELE* o *DUELEN*.

1. A Reinaldo le .... la cabeza.
2. Me .... los pies. ¿Nos sentamos?
3. Voy a la farmacia, que a mi madre le .... mucho la espalda.
4. ¿Te .... algo? Tienes mala cara.
5. Jesús y María comieron algo malo y les .... el estómago.
6. ¿A ti no te .... los oídos con esta música tan alta? Bájala un poco, hombre.
7. Le .... las piernas de no andar.
8. Está en el dentista porque le .... las muelas.

4a. Observa.

FRASES EXCLAMATIVAS	
¡Qué (+ adjetivo) + sustantivo!	¡Qué (mala) suerte!
¡Qué + adjetivo (+ verbo)!	¡Qué bonito (es)!
¡Qué + sustantivo (+ verbo)!	¡Qué calor (tengo)!
¡Qué + adverbio (+ verbo)!	¡Qué bien (trabaja)!

4b. Escribe una frase exclamativa para cada situación.

¡Qué dolor!	¡Qué guapa es!
¡Qué pena!	¡Qué mal escribe!
¡Qué gran sorpresa!	¡Qué buena suerte!
¡Qué bonitos son!	¡Qué frío hace!

1. No entiendo la letra de mi hijo. ....
2. Heredó mucho dinero de su abuelo. ....
3. Se rompió la pierna esquiando. ....
4. Tiene los ojos azules. ....
5. La temperatura es de 5º C bajo cero. ....
6. Su tío murió el año pasado. ....
7. Todos los hombres miran a Sofía. ....
8. Ayer me encontré con un viejo amigo. ...

Narrar la vida y hablar con el médico

1a. Pregunta a tu compañero cosas de su vida y escribe los datos.

¿Cuándo naciste?

Nací en 1970.

¿Cuándo terminaste los estudios?

Hace dos años.

¿Y cuándo te casaste?

A los 27 años.

adverbios	el / la + sustantivo	hace + sustantivo	en + año o sustantivo
ayer	el lunes	hace una hora	
anoche	el sábado	hace un rato	en 1990
anteayer	el otro día	hace tiempo	en abril
anteanoche	el mes/año	hace días	en julio
	pasado	hace meses	
	el día 10	hace años	
de + adjetivo o sustantivo	a los X años	cuando + indefinido	al + infinitivo
de pequeño	a los 3 años	cuando nací	al nacer
de niño	a los 9 años	cuando fue	al cumplir
de joven		cuando salí	30 años

1b. Ahora escribe su vida.

Primero	Entonces
Luego / después	Por último
Pero	Al final

2. Formamos dos grupos. Con tu grupo escribe diez preguntas sobre hechos históricos. ¿Saben tus compañeros las respuestas?

- ¿En qué año fue la Revolución Francesa?
- ○ En 1789.
- ¿Cuándo ganó Argentina su segunda Copa del Mundo?
- ○ En 1986.

3. Observa la historia clínica y responde a las preguntas.

✚ Insalud

Apellidos: Martínez Sanz
Nombre: Agustín
Nº de historia clínica: 5678

HISTORIA CLÍNICA

Doctor: Aranguren...................... Fecha: ....

Datos personales
Edad: 30 Fecha de nacimiento: 04.06.73 Lugar: Córdoba
Estado civil: ☑soltero/a ☐casado/a
☐divorciado/a ☐viudo/a
Estudios: Licenciado. Profesión: Abogado.

Antecedentes personales
Alergias a los 10 años, operación de rodilla en 1989.

Motivo de consulta
Dolor de cabeza y garganta, fiebre alta, tos y malestar general. ....

Exploración
Garganta irritada, fiebre. ....

Diagnóstico
Gripe.

Tratamiento
Aspirinas, antibiótico, vitamina. ....

1. ¿Cómo se llama el paciente?
2. ¿Cómo se llama el médico?
3. ¿Tuvo alguna operación?
4. ¿Qué le pasa? ¿Qué le duele?
5. ¿Tiene fiebre?
6. ¿Qué enfermedad tiene?

4. Haz un diálogo con tu compañero. Uno es un médico y el otro un paciente.

¿Qué le pasa?

No puedo dormir por las noches.

¿Le duele algo?

Los Premios Nobel de Literatura en español

📖 1. **Lee los textos y completa el cuadro.**

Vicente Aleixandre
Nació en Sevilla, España, en 1898.
Estudió Derecho y Comercio.
Fue un poeta de la Generación del 27.
Publicó su obra *La destrucción o el amor*.
Recibió el Premio Nobel de Literatura en 1977.

Miguel Ángel Asturias
Nació en la ciudad de Guatemala en 1889.
Estudió Derecho y fue diputado y embajador. Publicó su novela *El señor Presidente* en 1946. Murió en Madrid en 1974.
Recibió el Premio Nobel de Literatura en 1967.

Jacinto Benavente
Nació en Madrid, España, en 1866.
Fue un dramaturgo.
Publicó *La malquerida* y *Los intereses creados*.
Recibió el Premio Nobel de Literatura en 1922.

Camilo José Cela
Nació en el pueblo de Iria Flavia, España, en 1916. Tuvo varios empleos.
Publicó la famosa novela *La colmena* en 1949.
Recibió el Premio Nobel de Literatura en 1989.

José Echegaray
Nació en Madrid, España, en 1832.
Fue ingeniero de caminos, financiero y economista, político y dramaturgo.
Publicó *Mancha que limpiar*.
Recibió el Premio Nobel de Literatura en 1904.

Gabriel García Márquez
Nació en Aracataca, Colombia. Al terminar el Bachillerato, escribió en periódicos.
Publicó la famosa obra *Cien años de soledad*.
Recibió el Premio Nobel de Literatura en 1982, principalmente por sus novelas.

Gabriela Mistral
Su nombre verdadero fue Lucila Godoy.
Nació en 1889, en Vicuña, Chile.
Fue una incansable viajera.
Escribió *Desolación* y *Ternura*.
Recibió el Premio Nobel de Literatura en 1945.

Juan Ramón Jiménez
Nació en Moguer, España, en 1881.
Vivió en Cuba, EE.UU y Puerto Rico.
Publicó *Platero y yo*, obra en prosa, pero él fue poeta.
Recibió el Premio Nobel de Literatura en 1956.

Pablo Neruda
Nació en 1904 en Parral, Chile.
Escribió *Veinte poemas de amor y una canción desesperada*.
Recibió el Premio Nobel de Literatura en 1971.

Octavio Paz
Nació en Mixcoac, México, en 1914.
Formó parte del cuerpo diplomático de México. Escribió poemas y ensayos sobre la poesía.
Escribió *El laberinto de la soledad* y *Blanco*.
Recibió el Premio Nobel de Literatura en 1990.

Nombre	Año del premio	Nacionalidad	Una obra	Género literario
José Echegaray				
Jacinto Benavente				
Gabriela Mistral				
Juan Ramón Jiménez				
Miguel Ángel Asturias				
Pablo Neruda				
Vicente Aleixandre				
Gabriel García Márquez				
Camilo José Cela				
Octavio Paz				

1. Observa la imagen. Piensa en uno de los personajes e imagina por qué está aquí.

2. Formamos grupos de 4. Tira el dado, mueve la ficha y completa la frase de la casilla.

SALIDA

El otro día mi hijo... 40 años *(cumplir).*

Tira otra vez.

A mi padre... duele la pierna.

Ya no nos...la espalda *(doler).*

Ayer... mucho *(dormir / yo).*

A mí no... gustan los hospitales.

¿Dónde... Patricia el año pasado? *(estudiar).*

META

¿... la carrera el año pasado? *(terminar / tú).*

El domingo nosotros... a pasear al parque *(ir).*

A Nuria... duele la cabeza.

Me subí al árbol y... *(caerse).*

... a los ochenta y tres años *(morir).*

¿... vosotros ayer en la fiesta de Juan? *(estar).*

¡... dolor tengo!

... en 1975 *(nacer / yo).*

En abril... mi hermana *(casarse).*

Una vez sin tirar.

¡...... gran sorpresa!

Anoche la policía... tarde *(llegar).*

A este señor le... las muelas *(doler).*

Pasa a la casilla 8

¿Qué te... ? *(doler).*

Mi mujer... un hijo ayer *(tener).*

Mi abuelo... policía de joven *(ser).*

Vuelve a la casilla 4

El año pasado... un accidente *(tener / ellos).*

Desde ayer me... los pies *(doler).*

Toni se... una moto ayer *(comprar).*

Taller de Internet

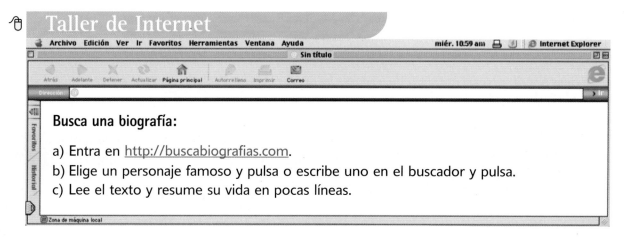

Busca una biografía:

a) Entra en http://buscabiografias.com.

b) Elige un personaje famoso y pulsa o escribe uno en el buscador y pulsa.

c) Lee el texto y resume su vida en pocas líneas.

1. Las expresiones para decir cuándo ocurrió un suceso pasado:

adverbios	el / la + sustantivo	hace + sustantivo	en + año o sustantivo	de + adjetivo o sustantivo	a los X años	cuando + indefinido	al + infinitivo
ayer	el lunes	hace una hora	en 1990	de pequeño	a los 3 años	cuando nací	al nacer
anoche	el otro día	hace un rato	en abril	de niño	a los 9 años	cuando fue	al cumplir
anteayer	el mes pasado	hace tiempo	en julio	de joven		cuando salí	30 años
anteanoche							

2a. Los verbos para indicar momentos en la vida de una persona: nacer, estudiar, licenciarse, trabajar, casarse, divorciarse, jubilarse, morirse, etc.

2b. Las partes del cuerpo: el estómago, las muelas, el brazo, los pies, las manos, la pierna, la cabeza, los oídos, los ojos, etc.

3a. El Pretérito Indefinido regular:

–AR	–ER / –IR	
Hablar	Beber	Vivir
hablé	bebí	viví
hablaste	bebiste	viviste
habló	bebió	vivió
hablamos	bebimos	vivimos
hablasteis	bebisteis	vivisteis
hablaron	bebieron	vivieron

3b. El Pretérito Indefinido irregular:

Ser/ir	Estar	Tener	Hacer
fui	estuve	tuve	hice
fuiste	estuviste	tuviste	hiciste
fue	estuvo	tuvo	hizo
fuimos	estuvimos	tuvimos	hicimos
fuisteis	estuvisteis	tuvisteis	hicisteis
fueron	estuvieron	tuvieron	hicieron

3c. Las frases exclamativas:

¡Qué (+ adjetivo) + sustantivo!	¡Qué (mala) suerte!
¡Qué + adjetivo (+ verbo)!	¡Qué bonito (es)!
¡Qué + sustantivo (+ verbo)!	¡Qué calor (tengo)!
¡Qué + adverbio (+ verbo)!	¡Qué bien (trabaja)!

3d. El verbo DOLER:

Me		
Te	DUELE	+ sustantivo
Le		singular
Nos		+ sustantivo
Os	DUELEN	plural
Les		

1. Escucha y completa el diálogo con las frases del cuadro.

> – ¿Pero no va a hacer frío?
> – ¿Y si vamos a una casa rural?
> – Pon la radio, anda.
> – Tenemos que ver el tiempo.
> - ¿Qué tal si...
> - Es que...

GERARDO: ¿Todavía estás trabajando? Si son ya más de las nueve.

LETICIA: Sí. .... tengo que terminar esto hoy.

GERARDO: Trabajas demasiado. ¿Por qué no salimos este fin de semana?

LETICIA: Bueno. ¿Dónde podemos ir?

GERARDO: No sé. ¿............... vamos al campo o a algún sitio para descansar?

LETICIA: ....

GERARDO: ¡Buena idea!

LETICIA: Busca en Internet alguna dirección.

GERARDO: Muy bien, ahora mismo. Mira esta, es bonita, ¿no?

LETICIA: Sí, sí, ...

GERARDO: ¡Ah! No sé. .... Y si hace malo vamos mejor a una ciudad.

LETICIA: Sí, claro. Pero tenemos que decidir dónde vamos para hacer las reservas. ....

GERARDO: Voy.

2. Escucha el programa de radio y di a qué mapa corresponden las previsiones del tiempo.

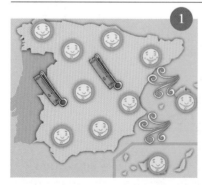

...el tiempo va a ser...

...tenemos que abrir los paraguas...

...buen tiempo...

1. ¿Qué oyes?

1. Trabajas demasiado.
   Trabaja demasiado.

2. Pon la radio.
   Pone la radio.

3. Va a entrar.
   Van a entrar.

4. Por el este.
   Por el oeste.

5. Va a llover mucho.
   Va a haber mucho.

6. Podemos ver el tiempo.
   Tenemos que ver el tiempo.

2. Relaciona las frases con los dibujos.

1. Llueve mucho.
2. Llueve poco.
3. Llueve bastante.
4. Llueve demasiado.
5. Hace mucho calor.
6. Trabaja demasiado.
7. Trabaja mucho.
8. Trabaja poco.
9. Estoy muy bien.
10. Estoy muy mal.

3. Ordena los adverbios de cantidad por orden creciente.

Muy / mucho   Poco

Demasiado   Bastante

4. Relaciona.

M Mañana   **H** Hoy   **A** Ayer

Llovió y estuvo nublado todo el día.

Está lloviendo un poco, pero hace calor.

Va a llover por la tarde.

Estás trabajando demasiado. Tienes que descansar.

Vas a trabajar mucho.

Trabajó mucho todo el día, el pobre.

5a. Relaciona.

1. Quedarse en casa.   3. Llevar el paraguas.
2. Salir a pasear.   4. Ir a la piscina.

5b. Escribe las frases como en el ejemplo.

Si hace frío, tienes que quedarte en casa.

6. Y hoy, ¿qué tiempo va a hacer?

El diptongo y los acentos

1. Escucha y repite.

> Las vocales **A, E, O** son fuertes,
> y las vocales **I, U** son débiles.

> Cuando una vocal fuerte y una débil forman
> sílaba se llama **diptongo**.

1. **Bue**-no
2. Si-**tio**
3. **Tiem**-po
4. Ca-na-**rias**

> Hay diptongos con tilde
> sobre la vocal fuerte.

5. A-ma-ne-**ció**
6. Tam-**bién**
7. **Miér**-co-les
8. A-**diós**

> Se rompe el diptongo en dos sílabas
> si la vocal débil tiene el acento.
> Se escribe entonces la tilde sobre ella.

9. **Frí**-o
10. To-da-**ví**-a
11. **Dí**-a
12. Ra-**úl**

> Dos vocales débiles juntas siempre forman
> diptongo. Si llevan tilde, se pone
> sobre la segunda vocal.

13. **Fui**
14. **Muy**
15. **Ciu**-dad
16. Cons-**truí**

2. Separa estas palabras en sílabas.

a. Baleares
b. Llueve
c. Leticia
d. María
e. Demasiado
f. Buena
g. Soleado
h. Ciudadano
i. Fuimos
j. País
k. Serio
l. Gutiérrez

3. Escucha y pon la tilde si es necesario.

a. Estais
b. Viento
c. Viajar
d. Envio
e. Diario
f. Teneis
g. Viernes
h. Noviembre
i. Despues
j. Tia
k. Demasiado
l. Asturias

4. Escucha y completa con *IA* o con *ÍA*

a. Famil _ _
b. Histor _ _
c. Env _ _
d. Anunc _ _
e. Tranv _ _
f. Fer _ _
g. Rub _ _
h. Vac _ _
i. Lluv _ _
j. Cafeter_ _
k. Fotograf _ _
l. Ind _ _

5. ¿Qué oyes?

a. Hay / Ahí
b. Rey / Reí
c. Ley / Leí
d. Hoy / Oí

Las estaciones del año, el tiempo y actividades

1a. Relaciona las imágenes con las palabras y con las estaciones del año.

sol – nubes – lluvia – niebla – nieve – tormenta – viento – altas temperaturas – bajas temperaturas

A .... B .... C .... D .... E ....

F .... G .... H .... I ....

1b. Relaciona las estaciones del año con las ilustraciones.

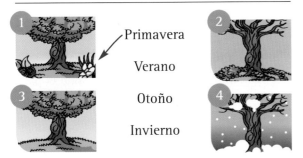

1 → Primavera
2

Verano

3   4

Otoño

Invierno

1c. Lee y completa el diálogo con las palabras que faltan.

nublado – tormenta – mal – bueno – tarde – llover – meteorológico – Y si

ALMUDENA: ¿............... vamos a hacer 30 kilómetros?

PATRICIA: No sé. Hace .... tiempo.

ALMUDENA: Está ...., pero no va a ....

PATRICIA: Ayer el servicio .... habló de ....

ALMUDENA: Sí, pero por la .... Ahora el tiempo es .... ¿Salimos?

PATRICIA: Vale. Pero tenemos que volver pronto.

2a. Juego de lógica. Tres parejas van a salir. Lee la información y completa el cuadro.

- Paco va a ir a una ciudad europea en avión, pero no con Lourdes.
- Fernando y Esther van a ir en autobús y se van a alojar en un camping.
- Lourdes va a ir a la montaña en Semana Santa y se va a alojar en una casa rural.
- Rosana va a salir en Navidad para ver museos.
- Enrique va a salir para hacer excursiones y practicar deporte.

¿Quiénes?	¿Qué van a hacer?	¿Cuándo?	¿Cómo?	¿Dónde se alojan?
				En un hotel.
	Van a la playa a descansar.	En verano.		
			En bicicleta.	

2b. Propón una excursión para el fin de semana: medio de transporte, alojamiento, actividad.

Vamos a ir a... y nos vamos a alojar en...

Vamos a visitar...

👁 **1a. Observa.**

> **Para hablar del futuro**
> Mañana voy a salir de viaje.

IR A + infinitivo		
voy		entrar
vas		salir
va	a	estudiar
vamos		cenar
vais		...
van		

✎ **1b. Forma frases.**

Yo / estudiar / Medicina. Voy a estudiar Medicina.

1. Nosotros / cenar / en un restaurante.

   ....

2. ¿Cuándo / tú / volver / a casa?

   ....

3. ¿Vosotros / ir / al cine?

   ....

4. Mañana / nosotros / no / trabajar.

   ....

5. Esta noche / ella / no / salir.

   ....

6. Mañana / yo / ir / al cine.

   ....

✎ **1c. Completa las frases con las expresiones.**

> se va a tomar unas semanas de descanso –
> vamos a volver – van a invitar – voy a cerrar –
> se van a caer – voy a llamar

1. Está lloviendo, ... las ventanas.
2. En mayo .... a nuestro país.
3. Se puso enfermo por trabajar demasiado
   y ....
4. Los niños están muy cerca de la piscina,

   ....

5. Virginia y Adela .... a todas
   sus amigas a la fiesta.
6. Ya son las seis de la tarde, ...
   a un taxi para volver a casa.

👁 **2a. Observa.**

MUY	MUCHO
muy + adjetivo adverbio	verbo + mucho
La terraza es *muy* alegre.	Trabajas *mucho*.
Estoy *muy* bien.	

✎ **2b. Completa con MUY o MUCHO.**

1. Te quiero ....
2. Mi abuela está .... triste.
3. Me gusta .... esa película.
4. La temperatura es .... alta.
5. Anoche llovió .... en todo el país.
6. Todos mis amigos salen .... por
   las noches.
7. Llegó .... tarde a la cita.

👁 **3a. Observa.**

> **Para expresar obligación o necesidad**
> El semáforo está rojo, tengo que parar.
> Vamos a salir, tenemos que comprar.

TENER QUE + infinitivo		
tengo		
tienes		ir
tiene	que	parar
tenemos		beber
tenéis		comprar
tienen		...

✎ **3b. Completa las frases con TENER QUE.**

1. Si vamos de viaje, ... ver el tiempo.
2. Mis hijos .... estudiar el fin de semana.

4a. Observa.

IMPERATIVO			
Hablar	Beber	Vivir	
habla	*bebe*	*vive*	**Tú**
hable	*beba*	*viva*	**Usted**
hablad	*bebed*	*vivid*	**Vosotros, as**
hablen	*beban*	*vivan*	**Ustedes**

4b. Completa los cuadras con las formas del imperativo.

Entrar	Leer	Abrir
entra	....	....
....	....	....
....	*leed*	....
....	....	*abran*

5a. Completa el cuadro.

Hacer	Poner	Decir
haz	*pon*	*di*
haga	....	*diga*
haced	*poned*	....
....	*pongan*	*digan*

Tener	Salir	Ir	Venir
ten	....	*ve*	....
tenga	*salga*	*vaya*	*venga*
tened	*salid*	*id*	....
....	*salgan*	....	*vengan*

5b. Completa las frases con las formas del imperativo.

Señora Gómez, escriba su nombre aquí, por favor.

1. Mónica, ... la ventana, por favor *(abrir/tú)*.
2. Antes de empezar, ... las frases *(leer/vosotros)*.
3. Sonia y Laura, ... por favor *(venir)*.
4. Señor, ... por esta puerta *(entrar)*.
5. .... los deberes *(hacer/vosotros)*.

6. .... a todas las preguntas *(responder/ustedes)*.
7. .... a tu madre en la cocina *(ayudar/tú)*.
8. Aquí no puedes estar, ... ahora mismo *(salir)*.
9. .... a aquella mesa y .... a aquel señor *(ir - preguntar/usted)*.
10. .... las cajas en el suelo, por favor *(poner/vosotros)*.

5c. Escribe las instrucciones en imperativo debajo de cada dibujo.

- Usar el cinturón de seguridad.
- Ir todo recto.
- Parar.
- Tener cuidado, zona escolar.
- Reducir la velocidad.

....

....

6. Completa el texto con las palabras que faltan.

tengo que - tenemos que – recuerda - voy a – termina

Mercedes, no te puedo esperar, ... ir a una reunión importante. .... tú sola el trabajo, por favor, porque .... volver tarde. ...., mañana es nuestro gran día y .... presentar el proyecto. Andrés

E Expresión oral
Hablar de planes y proponer actividades

1a. Haz una lista de qué cosas quieres hacer en el futuro.

Hacer planes	voy a + infinitivo
Expresar intenciones	pienso + infinitivo
Deseos	quiero + infinitivo

Yo quiero ir a vivir al extranjero y voy a buscar un trabajo...

1b. Ahora habla con tu compañero. A ver si tenéis proyectos parecidos.

Expresiones de tiempo futuro
Hoy - mañana - pasado mañana
La semana / el mes / el año que viene (próximo/a)
Dentro de una hora / semana / mes / año

Tú no estás casado, ¿no?

No.

¿Y piensas casarte?

Sí, un día. Dentro de mucho tiempo.

1c. Explica a la clase qué va a hacer tu compañero.

2a. Da instrucciones a estas personas para cambiar su vida.

2b. Mira la agenda y di lo que tiene que hacer esta persona durante la semana.

	Mañana	Tarde	Noche
Lunes	Felicitar a Elena		
Martes	Médico con mamá		
Miércoles	Comprar el sofá		Cena Sr. López
Jueves		Profesor de Iván	
Viernes	Examen conducir		
Sábado			Fiesta. Hugo
Domingo		Iván y Elena. Cine	

2c. Y tú, ¿qué tienes que hacer esta semana?

3. Vamos a organizar una actividad de fin de curso. Elige una, piensa qué se puede hacer y proponlo en la clase.

Proponer	Responder
	Muy bien.
¿Por qué no... ?	¡Estupendo!
¿Y si... ?	¡Qué buena /gran idea!
¿Qué tal si... ?	Mejor vamos a...
	No, no puedo. Es que...

1. Lee el texto.

El Camino de Santiago

En España hay un museo de más de ochocientos kilómetros por el norte de la Península Ibérica. Es el Camino de Santiago. A principios del siglo IX se descubrió aquí el sepulcro del Apóstol Santiago y desde entonces es lugar de peregrinación para millones de europeos.

Hoy es un atractivo turístico más de Galicia y del norte de España. En el año 2000 fueron a Santiago más de cincuenta mil personas de cien países diferentes. Pero en 2001 se superó esta cifra en un 15-20%.

Se llama peregrino a quien recorre al menos 100 kilómetros andando, a caballo o en bicicleta por el Camino de Santiago. El objetivo es llegar a la Catedral de Compostela y ver al Apóstol Santiago. Pero una vez allí, además, se puede disfrutar de uno de los centros más importantes de arte románico, gótico, renacentista y barroco del mundo. A lo largo de todo el camino los viajeros encuentran buenos alojamientos y restaurantes donde comer las especialidades de la cocina regional de las ciudades por las que se pasa. A la belleza de los monumentos se une la de los paisajes.

2. Responde a las preguntas.

1. ¿Qué es un peregrino?
2. ¿Cuántos kilómetros tiene el Camino de Santiago?
3. ¿Cuándo se descubrió el sepulcro del Apóstol Santiago?
4. ¿Cuántos peregrinos hicieron el camino en el año 2000? ¿Y en el 2001?

3. En tu opinión, ¿qué es lo más interesante del Camino de Santiago?

4. Piensa en una ruta turística de tu país; explica cómo es y propón a la clase hacerla.

👁 **1. Observa la imagen.**

💬 **a.** Describe el tiempo que hace.

💬 **b.** Elige uno de los personajes, descríbelo e imagina qué planes tiene, qué va a hacer.

✏ **c.** ¿Qué recomendaciones le das a tu personaje? Escríbelas.

✏ **d.** Escribe un correo electrónico a un amigo o amiga y proponle una salida a esta casa rural.

Casa La llave

Casa Rural (4 habitaciones)
Hontoria - 33593 - Llanes - (Asturias)
985 44 44 22 - 985 40 79 62 (Fax)

Casa de piedra del siglo XIX.
Vistas de gran belleza.
Está cerca de los Picos de Europa y
rodeada de hermosas playas.

🖱 **Taller de Internet**

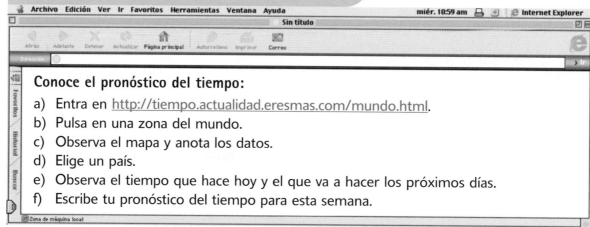

Conoce el pronóstico del tiempo:

a) Entra en http://tiempo.actualidad.eresmas.com/mundo.html.
b) Pulsa en una zona del mundo.
c) Observa el mapa y anota los datos.
d) Elige un país.
e) Observa el tiempo que hace hoy y el que va a hacer los próximos días.
f) Escribe tu pronóstico del tiempo para esta semana.

1a. Las expresiones para hablar del tiempo:

Hace sol - Hace calor - Hace frío - Hay nubes - Hay viento - Está soleado - Está nublado - Nieva - Llueve

1b. Las expresiones temporales de futuro:

mañana - pasado mañana - la semana / el mes / el año que viene (próximo/a)

dentro de una hora / semana / mes / año

1c. Y para proponer actividades:

Proponer	Responder	
	Muy bien.	¡Estupendo!
¿Por qué no... ? ¿Y si... ? ¿Qué tal si... ?	¡Qué buena /gran idea!	Mejor vamos a...
	No, no puedo. Es que...	

2a. Las palabras para hablar del tiempo y el clima: el sol, las nubes, la lluvia, la niebla, la nieve, la tormenta, el viento, las altas temperaturas, las bajas temperaturas, etc.

2b. Las estaciones del año: primavera, verano, otoño e invierno.

2c. Las palabras para hablar de excursiones y viajes: el hotel, el camping, la casa rural, el avión, el tren, el coche, visitar museos, hacer excursiones, etc.

3a. Para hablar de futuro, de planes y proyectos:

IR A + infinitivo

3b. El contraste entre *MUY* y *MUCHO*:

MUY + adjetivo   MUCHO + verbo
adverbio

3c. Para expresar la necesidad o la obligación:

TENER QUE + infinitivo

3d. El imperativo regular:

Hablar	Beber	Vivir
habla	*bebe*	*vive*
habla	*beba*	*viva*
hablad	*bebed*	*vivid*
hablen	*beban*	*vivan*

3e. Y el de algunos verbos irregulares:

Hacer	Poner	Decir
haz	*pon*	*di*
haga	*ponga*	*diga*
haced	*poned*	*decid*
hagan	*pongan*	*digan*

Tener	Salir	Ir	Venir
ten	*sal*	*ve*	*ven*
tenga	*salga*	*vaya*	*venga*
tened	*salid*	*id*	*venid*
tengan	*salgan*	*vayan*	*vengan*

Transcripciones

Unidad 2

Página 18, actividad 4. Escucha los diálogos y marca el icono que corresponde. Después escribe la palabra.

1. • Por favor, ¿los lavabos?
   - Aquí están.
2. • ¿Para ir al centro?
   - Sí, esta es la parada de autobús, el autobús 35.
3. • Quiero comer algo.
   - Mira, allí hay un restaurante.
4. - Taxi, taxi. Al hotel Regina.
5. • ¿Hay un teléfono?
   - Sí, la cabina de teléfonos está allí.
6. • Información, ¿en qué puedo ayudarle?
   - ¿Información? Hola, buenos días, mire...

Unidad 3

Página 26, actividad 1. Escucha y numera las imágenes.

[Contestador de Marcelo]:
Este es el número nueve, cero, ocho, cuatro, dos, cero, cinco, cero, cinco. Puede dejar un mensaje después de la señal. Gracias.
[Leticia]:
Hola Marcelo, soy Leticia. Oye, mañana desayunamos en un sitio nuevo. En la cafetería Suiza. Está en la calle Delicias, en el número cinco, al lado de una oficina de correos. Te envío un plano de la zona por correo electrónico. Llamas tú a Lucía y Antonio, ¿vale? Hasta luego.

[Contestador de Lucía]:
Contestador de Antonio y Lucía, número seis, uno, dos, tres, dos, cinco, cero, uno, cuatro. Si quieres, deja un mensaje y te llamamos. Adiós.
[Marcelo]:
Hola, chicos, soy Marcelo. El desayuno con Leticia es en la cafetería Suiza. La dirección es calle Delicias cinco, enfrente de la estación de metro de Palos. La cafetería está a la derecha del Hotel Ginebra. Hasta mañana.

Comprensión y práctica

Página 27, actividad 2. Observa el cuadro, escucha y escribe las respuestas.

a. • ¿Dónde está la oficina de correos?
   - Está entre el hotel y el estanco.
b. • ¿Dónde está la estación del metro?
   - Detrás de la cafetería.
c. • ¿Dónde están los niños?
   - Mira, están jugando a la derecha del hospital.
d. • ¿Dónde está la cafetería?
   - Allí, a la izquierda de la oficina de correos.
e. • ¿Dónde está el buzón?
   - Delante del estanco.

Unidad 4

Página 36, actividad 1. Escucha y numera las imágenes.

MARÍA: Buenos días.
SECRETARÍA: Hola, buenos días.
MARÍA: Soy María Cardoso Figo, tengo una cita con el director.
SECRETARÍA: Sí. ¿Me acompaña, por favor? ¿Señor Fuentes? Esta es la señorita Cardoso, tiene cita con usted. ¿Se acuerda?
SR. FUENTES: ¡Ah, sí! Adelante.
MARÍA: Gracias.
SR. FUENTES: Es usted brasileña, ¿no?
MARÍA: Sí.
SR. FUENTES: Y es licenciada en Lenguas Modernas, ¿verdad?
MARÍA: Sí, eso es. Hablo perfectamente español e inglés y tengo conocimientos de francés.
SR. FUENTES: Y ¿a qué se dedica ahora?
MARÍA: Trabajo en mi tesis y estoy en paro.
SR. FUENTES: ¿Tiene experiencia como profesora?
MARÍA: Sí, en Brasil, dos años como profesora de español en una academia de idiomas.
SR. FUENTES: ¿Quiere trabajar con nosotros?

MARÍA: Sí, claro.

SR. FUENTES: Muy bien. ¿Puede empezar mañana?

MARÍA: Sí, sí. Sin problema.

SR. FUENTES: Entonces, un momento, por favor. Susana, ¿puede llamar al señor Roca, por favor?

RAMÓN: Buenos días.

SR. FUENTES: Hola, Ramón. Mire, le presento a Ramón Roca, es el Jefe del Departamento de Idiomas.

MARÍA: Encantada.

RAMÓN: Mucho gusto.

SR. FUENTES: María Cardoso es la nueva profesora de portugués. Empieza mañana mismo.

Unidad 5

Léxico

Página 49, actividad 1c. Escucha las frases y señala el número correcto.

a. Vivo en la calle Castelló número veintiuno.

b. El prefijo de Barcelona es el noventa y tres.

c. Tengo treinta y ocho años.

d. En mi familia somos sesenta.

e. Tengo doce gatos.

f. En América Latina el 54% de la población trabaja en servicios.

Unidad 7

Página 66, actividad 1. Escucha y señala los dibujos relacionados con la vida de esta persona.

Presentador:

Señoras, señores. Aquí empieza ¡"La Noche de Reinaldo"!

Humorista:

Buenas noches. Muchas gracias. Muchas gracias. ¡Qué mala suerte! ¡Qué mala suerte! ¡Qué mala suerte! No, no, por favor, sin risas. Yo no soy normal. Todos los días me pasa algo.

Algo malo, claro.

Por ejemplo, yo nací el 20 de julio de 1969. ¿Qué pasó ese día? El hombre pisó la Luna por primera vez. ¿Y yo? Yo me caí de la cuna. También fue la primera vez, ¡pero el primer día de mi vida! De pequeño fui feliz, pero viví con mi mala suerte. A los nueve años me compraron unos patines y con ellos me rompí un brazo. Más tarde mi abuelo me regaló una bicicleta, y con ella me rompí una pierna. ¿Soy un hombre normal? Al cumplir los 16 años me compré una moto. Tuve mi primer accidente grave: choqué contra un árbol y estuve en el hospital dos meses. Todavía me duele la cabeza. Pero me curé y entonces estudié Medicina. Así me ahorro dinero en médicos, ¿saben?

Me licencié en 1991 y, al año siguiente, me saqué el carné de conducir. Primero trabajé como médico en un pueblo y me compré un coche para ir de un sitio a otro. El coche me duró dos semanas: siniestro total. Después trabajé en un hospital y allí conocí a una guapa enfermera. Nos casamos en 1997 y tuve dos hijos. Ahora conduce mi mujer, claro. Un día me quitó las llaves del coche y dijo: "Tú no eres un hombre normal". Desde entonces me siento detrás con los niños.

Unidad 8

Página 76, actividad 2. Escucha el programa de radio y di a qué mapa corresponden las previsiones del tiempo.

Hoy hizo buen tiempo en toda la península. Amaneció cubierto en el norte, pero a lo largo de la mañana las nubes se fueron y salió el sol. En las islas Baleares y en las islas Canarias también tuvieron un día de primavera.

Mañana tenemos que abrir los paraguas, vamos a tener un cambio. Por el oeste va a entrar un frente frío con lluvias generalizadas: va a llover mucho en Galicia y en Asturias, bastante en el resto de la península, y poco en Baleares y Canarias.

El sábado y el domingo, el tiempo va a ser soleado. En el centro de la península van a subir mucho las temperaturas; por el este van a entrar vientos cálidos y en el sur los termómetros van a llegar a 30°: demasiado para estas fechas, ¿verdad? En resumen, en el fin de semana lleven sus abanicos.

Glosario

Español	Alemán	Francés	Inglés	Italiano	Portugués
abril	April	avril	april	aprile	abril
abrir	öffnen	ouvrir	to open	aprire	abrir
abuelo, a (el, la)	Grossvater /-mutter	grand-père	grandfather/-mother	nonno	avô, avó
aburrido,a	langweilig	ennuyeux	boring	noioso	entediado, cansativo
accidente (el)	Unfall	accident	accident	incidente	acidente
aceite (el)	Öl	huile	oil	olio	óleo, azeite de oliva
actor, actriz (el, la)	Schauspieler/-in	acteur	actor	attore/attrice	ator/atriz
aeropuerto	Flughafen	aéroport	airport	aeroporto	aeroporto
agosto	August	août	august	agosto	agosto
agricultor, -a (el, la)	Landwirt	agriculteur	farmer	agricoltore	agricultor
agua (el)	Wasser	eau	water	acqua	água
aire (el)	Luft	air	air	aria	ar
ajo (el)	Knoblauch	ail	garlic	aglio	alho
alegre	fröhlich	joyeux	happy	allegro/a	alegre
alergia (la)	Allergie	allergie	allergy	allergia	alergia
alojamiento (el)	Unterkunft	logement	lodging(s)	alloggio	alojamento
alto, a	hoch	grand	tall, high	alto	alto
alumno, a (el, la)	Schüler	élève	pupil	alunno/a	aluno
amigo, a (el, la)	Freund	ami	friend	amico	amigo
amor (el)	Liebe	amour	love	amore	amor
andar	gehen	marcher	to walk, to go	camminare	andar
animal (el)	Tier; tierisch	animal	animal	animale	animal
año (el)	Jahr	année	year	anno	ano
apagar	aufmachen	éteindre	to put out	spegnere	desligar
apellido (el)	Familienname	nom	surname	cognome	sobrenome
árbol (el)	Baum	arbre	tree	albero	árvore
amario (el)	Schrank	armoire	wardrobe, closet	armadio	armário
arroz (el)	Reis	riz	rice	riso	arroz
ascensor (el)	Aufzug	ascenseur	lift	ascensore	elevador
aula (el)	Klassenzimmer	classe	classroom	aula	aula
autobús (el)	Bus	autobus	bus	autobus	önibus
avenida (la)	Allee	avenue	avenue	corso	avenida
avión (el)	Flugzeug	avion	airplane	aereo	avião
ayer	gestern	hier	yesterday	ieri	ontem
ayudar	helfen	aider	to help	aiutare	ajudar
azafata (la)	Hostess	hôtesse	airline hostess	hostess	aeromoça
azúcar (el)	Zucker	sucre	sugar	zucchero	açúcar
azul	blau	bleu	blue	blu	azul
bachillerato (el)	Abitur	étude secondaire	high school	diploma di liceo	segundo grau
bailar	tanzen	danser	to dance	ballare	dançar
bajo, a	klein, niedrig	bas, petit	low, short	basso	baixo
banco (el)	Bank	banque	bank	banca	banco
baño (el)	Bade	bain	bath	bagno	banho
bar (el)	Bar	bar	bar	bancone	bar
barba (la)	Bart	barbe	beard	barba	barba
beber	trinken	boire	to drink	bere	beber
beso (el)	Kuss	baiser	kiss	bacio	beijo
bicicleta (la)	Fahrrad	bicyclette	bicycle	bicicletta	bicicleta
bien	gut	bien	well	bene	bem
bigote, (el)	Schnurrbart	moustache	moustache	baffi	blgode
blanco	weiss	blanc	white	bianco	branco
bollo (el)	Brötchen	viennoiserie	bun	brioche	bolo
bonito, a	schön	joli	pretty	bello/grazioso	bonito
brazo (el)	Arm	bras	arm	braccio	braço
bueno, a	gut	bon	good	buono	bom/boa
buscar	suchen	chercher	to look for	cercare	procurar, buscar
buzón (el)	Briefkasten	boîte aux lettres	mailbox	buca delle lettere	caixa de correio
cabeza (la)	Kopf	tête	head	testa	cabeça
cabina	Telefonzelle	cabine	booth	cabina	cabine telefônica
caerse	stürzen	tomber	to fall down	cadere	cair
café (el)	Kaffee	café	coffee	caffè	café
cafetería (la)	Cafeteria	cafétéria	café	caffetteria	bar
caja (la)	Schachtel	caisse	box, fund	cassa, scatola	caixa

Español	Alemán	Francés	Inglés	Italiano	Portugués
calefacción (la)	Heizung	chauffage	heating	riscaldamento	aquecimento
calendario (el)	Kalender	calendrier	calendar	calendario	calendário
calle (la)	Strasse	rue	street	strada	rua
calor (el)	Wärme	chaleur	heat	caldo	calor
cama (la)	Bett	lit	bed	letto	cama
camarero, a (el, la)	Ober	serveur	waiter/-tress	cameriere	garçom, garçonete
cambiar	ändern	changer	to change	cambiare	mudar
camino (el)	Weg	chemin	path, road	cammino, sentiero	caminho
campo (el)	Feld	campagne	country, field	campagna	campo
canción (la)	Lied	chanson	song	canzone	canção, música
cantante (el, la)	Sänger/-in	chanteur	singer	cantante	cantor
cara (la)	Gesicht	visage	face	faccia	cara, rosto
carne (la)	Fleisch	viande	meat	carne	carne
carné (el)	Personalausweis	carte d'identité	identification card (i.d.)	tessera, carta d'identitá	carteira de identidade
carrera universitaria (la)	Karriere	les études, carrière	university major	carriera	carreira
carta (la)	Brief	lettre	letter	lettera	carta
casa (la)	Haus, Wohnung	maison	home, house	casa	casa
casarse	sich heiraten	se marier	to get married	sposarsi	casar-se
cenar	zu Abend essen	dîner	to have dinner	cenare	jantar
centro (el)	Mitte; Zentrum	centre	centre, middle	centro	centro
cerrar	schliessen	fermer	to close, to shut	chiudere	fechar
chico, a (el, la)	Junge/Mädchen	jeune garçon/fille	boy, girl	ragazzo	garoto, rapaz
chocolate (el)	Schokolade	chocolat	chocolate	cioccolato	chocolate
cine (el)	Kino	cinéma	cinema	cinema	cinema
cita (la)	Termin	rendez-vous	appointment	appuntamento	encontro
ciudad (la)	Stadt	ville	city,town	cittá	cidade
coche (el)	Auto	voiture	car	auto, macchina	carro
cocina (la)	Küche	cuisine	kitchen	cucina	cozinha
colegio (el)	Schule	collège	school	scuola	colégio
color (el)	Farbe	couleur	colour	colore	cor
comedor (el)	Speiseraum	salle à manger	dining room	stanza da pranzo	sala de jantar
comer	essen	manger	to eat	mangiare	comer
compañero, a (el, la)	Kommillitone	collègue, copain	mate, partner	compagno	companheiro
comprar	kaufen	acheter	to buy	comprare	comprar
comprender	verstehen	comprendre	to understand	capire	compreender
conducir	fahren	conduire	to drive	guidare	dirigir, conduzir
conocer	kennen	connaître	to know	conoscere	conhecer
construir	bilden, bauen	construire	to build	costruire	construir
contar	erzählen	raconter	to count	contare	contar
contestar	antworten	répondre	to answer, to reply	rispondere	contestar
continuar	fortsetzen	continuer	to go on with	continuare	continuar
correos	Post	poste (la)	post office	poste	correio
corto, a	kurz	court	short	corto/a	curto
crear	schaffen	créer	to create	creare	criar
cruzar	durchkreuzen	traverser	to cross	attraversare	atravessar
cuadro (el)	Bild	tableau	picture, painting	quadro	quadro
cuarto (el)	Zimmer	chambre	room	camera, stanza	quarto
cuerpo (el)	Körper	corps	body	corpo	corpo
cumpleaños (el)	Geburtstag	anniversaire	birthday	compleanno	aniversário
cuna (la)	Wiege	berceau	cradle	culla	berço
curarse	genesen	guérir, se soigner	to cure	guarire	sarar / curar-se
currículum (el)	Lebenslauf	curriculum	curriculum vitae	curriculum vitae	currículum (vitae)
dar	geben	donner	to give	dare	dar
débil	schwach	faible	weak	debole	debilitado, fraco
decidir	entscheiden	décider	to decide	decidere	decidir
decir	sagen	dire	to say	dire	dizer
dejar	lassen	laisser	to leave, to let	lasciare	deixar
delgado, a	dünn	mince	thin, slim	magro	magro
dentista (el, la)	Zahnarzt	dentiste	dentist	dentista	dentista
departamento (el)	Abteilung	département	department	dipartimento	departamento
deporte (el)	Sport	sport	sport	sport	esporte
derecha (la)	rechts	droite	right	destra	direita
desayunar	frühstücken	prendre le petit déjeuner	to have a breakfast	fare collazione	tomar o pequeno-almoço
descansar	ausruhen	se reposer	to rest	riposare	descansar
describir	beschreiben	décrire	to describe	descrivere	descrever

Español	Alemán	Francés	Inglés	Italiano	Portugués
día (el)	Tag	jour	day	giorno	dia
dibujo (el)	Zeichnung	dessin	drawing	disegno	desenho
diciembre	Dezember	décembre	december	dicembre	dezembro
diferente	verschieden	différent	different	diverso	diferente
dinero (el)	Geld	argent	money	soldi	dinheiro
dirección (la)	Adresse	adresse	address	indirizzo	direção
director, -a (el, la)	Direktor, -in	directeur	director, manager	direttore	diretor
distinto, a	verschieden	différent/e	different	diverso/a	diferente
divertido, a	lustig	amusant/e	funny	divertente	divertido/a
divorciarse	sich scheiden lassen	divorcer	to get divorced	divorziarsi	divorciar-se
doctor, -a (el, la)	Urkunde	document	document, paper	documento	documento
documento (el)	schmerzen, weh tun	avoir mal à	to hurt, to pain	dolere, far male	doer
doler	schmerzen	avoir mal	to ache	fare male	doer
domingo (el)	Sonntag	dimanche	sunday	domenica	domingo
dormir	schlafen	dormir	to sleep	dormire	dormir
dormitorio (el)	Schlafzimmer	chambre à coucher	bedroom	camera da letto	dormitório quarto
economista (el, la)	Volkswirt(schafter, in)	économiste	economist	economista	economista
edad (la)	Alter	âge	age	età	idade
edificio (el)	Gebäude	edifice	building	edificio	edifício
ejercicio (el)	Übung, Bewegung	exercice	exercise	esercizio	exercício
elegir	wählen	choisir	to choose	scegliere	escolher
empezar	anfangen	commencer	to begin	iniziare	começar
empresa (la)	Betrieb	entreprise	company	ditta, impresa	empresa
enamorarse	sich verlieben	tomber amoureux	to fall in love	innamorarsi	apaixonar
encontrar	finden	trouver	to find	trovare, incontrare	encontrar
enero	Januar	janvier	january	gennaio	janeiro
enfermero, a (el, la)	Krankbruder/schwester	infirmier	(male) nurse	infermiere	enfermeiro
enseñar	lehren	enseigner	to teach	insegnare	ensinar
entender	verstehen	comprendre	to understand	capire	entender
entrar	eintreten	entrer	to go in, to enter	entrare	entrar
entrevista (la)	Interview	entretien	interview	intervista, colloquio	entrevista
enviar	senden	envoyer	to send	inviare	enviar
escribir	schreiben	écrire	to write	scrivere	escrever
escritor, -a (el, la)	Schriftsteller	ecrivain	writer	scrittore/-trice	escritor
escuchar	zuhören	écouter	to listen	ascoltare	escutar
escuela (la)	Schule	ecole	school	scuola	escola
espalda (la)	Rücken	dos	back	schiena	costas
esperar	warten / hoffen	attendre	to wait / to hope	aspettare	esperar
esposo, a (el, la)	Ehemann/-frau	epoux	husband	sposo	esposo
esquiar	Ski fahren	faire du ski	to ski	sciare	esquiar
estación (la)	Bahnhof	gare	station	stazione	estação
estanco (el)	Tabakladen	bureau de tabac	kiosk	tabaccheria	tabacaria
estantería (la)	Regal	etagère	shelf	scaffale	estante
estar	sein	etre	to be	stare	estar
estómago (el)	Magen	estomac	stomach	stomaco	estômago
estudiar	studieren / lernen	étudier	to study	studiare	estudar
examen (el)	Prüfung	examen	exam	esame	prova, exame
existir	existieren	exister	to exist	essistere	existir
experiencia (la)	Erfahrung	expérience	experience	esperienza	experiência
explicar	erklären	expliquer	to explain	spiegare	explicar
fácil	einfach	facile	easy	facile	fácil
familia (la)	Familie	famille	family	famiglia	família
farmacia (la)	Apotheke	pharmacie	chemist's	farmacia	farmácia
febrero	Februar	février	february	febbraio	fevereiro
fecha (la)	Datum	date	date	data	data
feo, a	häßlich	vilain/e, laid/e	ugly	brutto/a	feio/a
fiebre (la)	Fieber	fièvre	fever	febbre	febre
fiesta (la)	Fest, Feiertag	fête	party	festa	festa
final (el)	Ende	fin	end	fine	final
foto (la)	Aufnahme	photo	photo	foto	foto
frío (el)	Kälte	froid	cold	freddo	frio
fuego (el)	Flamme	feu	fire, light	fuoco	fogo
fuerte	stark	fort	strong	forte	forte
gafas (las)	Brille	lunettes	glasses	occhiali	óculos
garaje (el)	Garage	garage	garage	garage	garagem
garganta	Kehle, Gurgel	gorge	throat	gola	garganta

Español	Alemán	Francés	Inglés	Italiano	Portugués
gato (el)	Katze	chat	cat	gatto	gato
gente (la)	Leute	les gens	people	gente	gente
girar	abbiegen	tourner	to turn	girare	girar
gordo, a	dick	gros	fat	grosso	gordo
gracias	Danke	merci	thanks	grazie	obrigado, a
grande	gross	grand	big, large	grande	grande
guapo, a	hübsch	beau	handsome, pretty	bello, a	bonito
gustar	gefallen	aimer	to like	piacere	gostar
haber	haben	avoir	to have	avere	haver
habitación (la)	Zimmer	chambre	room	camera	quarto
hablar	sprechen	parler	to speak	parlare	falar
hacer	machen, tun	faire	to do, to make	fare	fazer
hermano, a (el, la)	Bruder/Schwester	frère/soeur	brother/sister	fratello/sorella	irmão/irmã
hijo, a (el, la)	Sohn/Tochter	fils/fille	son/daughter	figlio	filho
historia (la)	Geschichte	histoire	story, history	storia	história
hombre (el)	Mann	homme	man	uomo	homem
hora (la)	Uhr, Stunde	heure	hour	ora	hora
hospital (el)	Krankenhaus	hôpital	hospital	ospedale	hospital
hotel (el)	Hotel	hôtel	hotel	albergo	hotel
idioma (el)	Sprache	langue	language	lingua	idioma
importante	wichtig	important	important	importante	importante
industria (la)	Gewerbe	industrie	industry	industria	indústria
información (la)	Auskunft	information	information	informazione	informação
informática (la)	Informatik	informatique	computer science	informatica	informática
ingeniero, a (el, la)	Ingenieur	ingénieur	engineer	ingegniero	engenheiro
inteligente	intelligent	intelligent	intelligent	intelligente	inteligente
invierno (el)	Winter	hiver	winter	inverno	inverno
invitar	einladen	inviter	to invite	invitare	convidar
ir	gehen	aller	to go	andare	ir
izquierda (la)	links	gauche	left	sinistra	esquerda
jamón (el)	Schinken	jambon	ham	prosciutto	presunto
jardín (el)	Garten	jardin	garden	giardino	jardim
jefe (el, la)	Chef	chef	boss	capo	chefe
joven	jung	jeune	young	giovane	jovem
jueves (el)	Donnerstag	jeudi	thursday	giovedì	quinta-feira
jugar	spielen	jouer	to play	giocare	brincar, joga
julio	Juli	juillet	july	luglio	julho
junio	Juni	juin	june	giugno	junho
kiosco (el)	Kiosk	kiosque	kiosk	edicola	banca (de revistas/ jornais) quiosque
lámpara (la)	Lampe	lampe	lamp	lampada	candeeiro
lápiz (el)	Bleistift	crayon de couleur	pencil	matita	lápis de cor
largo, a	lang	grand	long	lungo	longo, comprido
lavabo (el)	Waschbecken	lavabo	washbasin	lavabo	lavatório
lavarse	Waschen	laver	to wash	lavare	lavar
lección (la)	Lektion	leçon	lesson	lezione	lição
leche (la)	Milch	lait	milk	latte	leite
leer	lesen	lire	to read	leggere	ler
lengua (la)	Sprache	langue	language	lingua	língua
levantarse	aufstehen	se lever	to rise, to get up	alzarsi	levantar-se
libro (el)	Buch	livre	book	libro	livro
licenciado, a	Lizentiat	diplômé	graduated	laureato	formado, graduado
limpiar	putzen	nettoyer	to clean	pulire	limpar
llamar (por teléfono)	anrufen	appeler	to call	chiamare	chamar
llamarse	heissen	s'appeler	to be named	chiamarsi	chamar-se
llegar	ankommen	arriver	to arrive	arrivare	chegar
llevar	tragen, bringen	porter	to take, to carry	portare	levar
llover	regen	pleuvoir	to rain	pioggiare	chuvar
lunes (el)	Montag	lundi	monday	lunedì	segunda-feira
luz (la)	Licht	lumière	light	luce	luz
madre (la)	Mutter	mère	mother	madre	mãe
maleta (la)	Koffer	valise	suitcase, travelling bag	valigia	mala
malo, a	schlecht	mauvais/e	bad	cattivo/a	mau/má
mamá	Mama	maman	mum, mummy	mamma	mamãe
mano (la)	Hand	main	hand	mano	mão
mantequilla (la)	Butter	beurre	butter	burro	manteiga

Español	Alemán	Francés	Inglés	Italiano	Portugués
manzana (la)	Apfel	pomme	apple	mela	maçã
mañana (la)	Morgen	matin	morning	domani	manhã
marido (el)	Ehemann	mari	husband	marito	marido
martes (el)	Dienstag	mardi	tuesday	martedi	terça-feira
marzo	März	mars	march	marzo	março
mayo	Mai	mai	may	maggio	maio
mecánico, a (el, la)	Mechaniker, in	mécanicien	mechanic	meccanico	mecánico
medicina (la)	Arzneimittel	médicament	medicin	medicina	medicamento
médico, a (el, la)	Arzt	médecin	doctor	medico, dottore	médico
menú (el)	Menü	menu	menu	menu	menú
mermelada (la)	Mermelade	confiture	marmalade	marmellata	marmelada; geléia
mes (el)	Monat	mois	month	mese	mês
mesa (la)	Tisch	table	table	tavolo	mesa
metro (el)	U-Bahn	métro	subway, undergraund	metropolitana	metrô; metro
miércoles (el)	Mittwoch	mercredi	wednesday	mercoledì	quarta-feira
mirar	betrachten, ansihen	regarder	to look at, to see	guardare	olhar
momento (el)	Augenblick	moment	moment, instant	momento	momento
montaña (la)	Berg	montagne	mountain	montagna	montanha
monumento (el)	Sehenswürdigkeit	monument	monument	monumento	monumento
moreno, a	dunkelhäutig	brun/e	dark	bruno/a	moreno/a
morirse	sterben	mourir	to die	morire	morrer
moto (la)	Motorrad	motocyclette	motorcycle	motocicletta	motocicleta
mover	bewegen	bouger	to move	muovere	mover
mueble (el)	Möbelstück	meuble	piece of furniture	mobile	móvel
muela (la)	Backenzahn	dent	molar tooth	molare	dente molar
mujer (la)	Frau, Ehefrau	femme	woman, wife	donna, moglie	mulher, esposa
mundo (el)	Welt	monde	world	mondo	mundo
museo (el)	Museum	musée	museum	museo	museu
música (la)	Musik	musique	music	musica	música
nacer	geboren werden	naître	to be born	nascere	nascer
naranja (la)	Orange	orange	orange	arancione	laranja
necesitar	benötigen, brauchen	avoir besoin	to need	avere bisogno di	precisar de, necessitar de
negro, a	schwarz	noir/e	black	nero/a	preto/a
nevar	schneien	neiger	to snow	nevicare	nevar
niebla (la)	Nebel	brume	fog	nebbia	neblina; névoa
nieto, a (el, la)	Enkel	petit-fils	grandson	nipote	neto
niño, a (el, la)	Kind	enfant	child	bambino	menino, a criança
noche (la)	Nacht	nuit	night	notte	noite
nombre (el)	Name	prénom	name	nome	nome
novela (la)	Roman	roman	novel	romanzo	romance
noviembre	November	novembre	november	novembre	novembro
nube (la)	Wolke	nuage	cloud	nuvola	nuvem
nuevo, a	neu	nouveau	new	nuovo	novo
número (el)	Nummer	nombre	number	numero	número
objetivo (el)	Ziel	objectif	object, aim	obiettivo	objetivo
observar	beobachten	observer	to observe, to watch	osservare	observar
octubre	Oktober	octobre	october	ottobre	outubro
oficina (la)	Büro	bureau	office	ufficio	escritório
oído (el)	Gehör	ouïe	ear	orecchia/udito	ouvido
oír	hören	ecoute	to hear, to listen to	sentire, ascoltare	ouvir
ojo (el)	Auge	oeil	eye	occhio	olho
operación (la)	Operation	opération	operation	intervento	operação
otoño (el)	Herbst	automne	autumn, fall	autunno	outono
padre (el)	Vater	père	father	padre	pai
padres (los)	Eltern	parents	parents	genitori	pais
pagar	zahlen	payer	to pay	pagare	pagar
país (el)	Land	pays	country	nazione, paese	país
pan (el)	Brot	pain	bread	pane	pão
papá	Papa	papa	dad, daddy	papà	papai
papel (el)	Papier	papier	paper, role	carta	papel
paraguas (el)	Regenschirm	parapluie	umbrella	ombrello	guarda-chuva
parar	anhalten	arrêter	to stop	fermare	parar
parecer	scheinen, aussehen wie	sembler	to seem	sembrare	parecer
paro (el)	Arbeitslosigkeit	chômage	unemployment	disoccupazione	desemprego
parque (el)	Park	parc	park	parco	parque
pasaporte (el)	Reisepass	passeport	passport	passaporto	passaporte

Español	Alemán	Francés	Inglés	Italiano	Portugués
pasar	geschehen	passer	to pass	passare, succedere	passar
pasear	spazieren gehen	se promener	to take for a walk	passeggiare	passear
pasillo (el)	Gang	couloir	corridor	corridoio	corredor
patata (la)	Kartoffel	patate	potato	patata	batata
pedir	bitten, bestellen	demander	to ask for, to request	richiedere, chiedere	pedir
pelo (el)	Haar	cheveux	hair	capelli	cabelo
peluquero, a (el, la)	Friseur, in	coiffeur	hairdresser	parrucchiere	cabeleleiro
pensar	denken	penser	to think	pensare	pensar
pequeño, a	klein	petit/e	little, small	piccolo/a	pequeno/a
perder	verlieren	perdre	to lose	perdere	perder
periódico (el)	Zeitung	journal	newspaper	giornale	jornal
perro (el)	Hund	chien	dog	cane	cachorro
persona (la)	Mensch	personne	person	persona	pessoa
pescado (el)	Fisch	poisson	fish	pescato	pescado
pie (el)	Fuss	pied	foot	piede	pé
pierna (la)	Bein	jambe	leg	gamba	perna
pintor, a (el, la)	Maler, in	peintre	painter	pittore	pintor
piscina (la)	Schwimmbad	piscine	swimming pool	piscina	piscina
piso (el)	Stock, Wohnung	etage; appartement	flat, apartment	appartamento	apartamento
plano (el)	Stadtplan	plan	map	piano/piantina	mapa
planta (la)	Pflanze	plante	plant	pianta	planta
plátano (el)	Banane	banane	banana	banana	banana
playa (la)	Strand	plage	beach	spiaggia	praia
plaza (la)	Platz	place	square, place	piazza	lugar, praça
poder	können, dürfen	pouvoir	can, to be able to	potere	poder
policía (la)	Polizei	police	police	polizia	polícia
político, a	Politik	politique	politic	politico	político
pollo (el)	Hähnchen	poulet	chicken	pollo	frango
poner	legen	mettre	to put	mettere	pôr
por favor	bitte	s.v.p./s.t.p.	please	prego	por favor
postal (la)	Postkarte	carte postale	postcard	postale	cartão postal
practicar	ausüben	pratiquer	to practise	praticare	praticar
precio (el)	Preis	prix	price	prezzo	preço
preguntar	fragen	poser des questions	to ask	domandare	perguntar
premio (el)	Preis	prix	award	premio	prémio
presentar	vorstellen	présenter	to present	presentare	apresentar
presidente (el, la)	Vorsitzende	président	president	presidente	presidente
primavera (la)	Frühling	printemps	spring	primavera	primavera
principio (el)	Anfang	début	beginning	principio	princípio
problema (el)	Problem	problème	trouble	problema	problema
profesión (la)	Beruf	profession	profession, career	professione	profissão
profesor, -a (el, la)	Lehrer	professeur	teacher	professore	professor
puerta (la)	Dorf	village	village	paese	povo, povoado
querer	wollen/lieben	vouloir/aimer	to want, to love	volere/amare	querer
queso (el)	Käse	fromage	cheese	formaggio	queijo
radio (la)	Radio	radio	radio	radio	radio
recepcionista (el, la)	Rezeptionist	réceptionniste	recepcionist	receptionist	recepcionista
recordar	erinnern	rappeler	to remember	ricordare	lembrar
regalo (el)	Geschenk	cadeau	gift, present	regalo	presente
reír	lachen	rire	to laugh	ridere	rir
repetir	wiederholen	répéter	to repeat	ripetere	repetir
responder	antworten	répondre	to answer	rispondere	responder
restaurante (el)	Restaurant	restaurant	restaurant	ristorante	restaurante
reunión (la)	Versammlung	réunion	meeting	riunione	reunião
revista (la)	Magazin	revue	the magazine	rivista	revista
río (el)	Fluss	fleuve	river	fiume	rio
risa (la)	Lachen	rire	laugh	riso	risada
rojo	rot	rouge	red	rosso	vermelho
romper	brechen	casser	to break	rompere	romper
rubio, a	blond	blond	blond	biondo/a	loiro
sábado (el)	Samstag	samedi	saturday	sabato	sábado
saber	wissen	savoir	to know	sapere	saber
sal (la)	Salz	sel	salt	sale	sal
salir	ausgehen	sortir	to go out	uscire	sair
salón (el)	Wohnzimmer	salon	lounge	salotto	salão
secretario, a (el, la)	Sekretär, -in	secrétaire	secretary	segretario, a	secretário, a

Español	Alemán	Francés	Inglés	Italiano	Portugués
seguir	fortsezen, folgen	suivre	to continue	continuare	seguir, continuar
sello (el)	Briefmarke	timbre	stamp	francobollo	selo
semana (la)	Woche	semaine	week	settimana	semana
sentarse	sich setzen	s'asseoir	to sit down	sedersi	sentar-se
sentir	spüren	sentir	to feel	sentire	sentir
septiembre	September	septembre	september	settembre	setembro
ser	sein	être	to be	essere	ser
serio, a	ernst	sérieux	serious	serio	sério
siglo (el)	Jahrhundert	siècle	century	secolo	século
siguiente	nächste	suivant	next	seguente, successivo	siguinte
silla (la)	Stuhl	chaise	chair	sedia	cadeira
sillón (el)	Sessel	fauteuil	arm chair	poltrona	cadeirão, poltrona
simpático, a	sympathisch	sympathique	nice	simpatico/a	simpático
sobrino, a (el, la)	Neffe / Nichte	neveu/nièce	nephew	nipote	sobrinho
sofá (el)	Sofa	canapé	sofa	divano	sofá
sol (el)	Sonne	soleil	sun	sole	sol
sonido (el)	Ton	son	sound	suono	som
sonrisa (la)	Lächeln	sourire	smile	sorriso	sorriso
subir	steigen	monter	to raise, to go up	salire	subir
suerte (la)	Glück	chance	luck	fortuna	sorte
supermercado (el)	Supermarkt	supermarché	supermarket	supermercato	supermercado
taller (el)	auch	aussi	also, too	anche	também
tarde (la)	Nachmittag	après-midi	afternoon	pomeriggio	à tarde
taxi	Taxi	taxi	taxi, cab	tassi	táxi
teatro (el)	Theater	théâtre	theatre	teatro	teatro
teléfono (el)	Telephon	téléphone	telephone	telefono	telefone
televisor (el)	Fernseher	télévision	television	televisore	aparelho de televisão; televisor
tener	haben	avoir	to have	avere	ter
terminar	beenden	terminer	to end, to finish	finire	terminar
terraza (la)	Terrasse	terrasse	terrace	terrazzo	varanda
tiempo (el)	Zeit, Wetter	temps	time, weather	tempo	tempo
tienda (la)	Geschäft	boutique	shop	negozio	loja
tío, a (el, la)	Onkel/Tante	oncle/tante	uncle/aunt	zio/a	tio
tomar	nehmen	prendre	to take	prendere	tomar, apanhar
tomate (el)	Tomate	tomate	tomato	pomodoro	tomate
tonto, a	dumm	bête	stupid, silly	stupido, tonto	tolo
tortilla (la)	Omelett	omelette	omelet	frittata	tortilha
tos (la)	Husten	toux	cough	tosse	tosse
tostada (la)	Toast	tartine	toast	fetta biscottata	torrada
trabajar	arbeiten	travailler	to work	lavorare	trabalhar
traer	bringen	apporter	to bring, to carry	portare	trazer
tranquilo, a	ruhig	calme	still, calm	tranquillo	tranqüilo
tren (el)	Zug	train	train	treno	trem
triste	traurig	triste	sad	triste	triste
último, a	letzter/letzte	dernier/ère	last	ultimo/a	último/a
universidad (la)	Universität	université	university, college	universitá	universidade
usar	gebrauchen	utiliser	to use	usare	usar
uva (la)	Traube	raisin	grape	uva	uva
vacaciones (las)	Urlaub, Ferien	vacances	holidays	vacanze	férias
vender	verkaufen	vendre	to sell	vendere	vender
venir	kommen	venir	to come	ritornare	vir
ventana (la)	Fenster	fenêtre	window	finestra	janela
ver	sehen	voir	to see	vedere	ver
verano (el)	Sommer	eté	summer	estate	verão
verdad	Wahrheit	vérité	truth	verità	verdade
verde	grün	vert/e	green	verde	verde
vestir	sich anziehen	s'habiller	to get dressed	vestirsi	vestir-se
viajar	reisen	voyager	to travel	viaggiare	viajar
viejo, a	alt	vieux/vieille	old	vecchio/a	velho/a
viento (el)	Wind	vent	wind	vento	vento
viernes (el)	Freitag	vendredi	friday	venerdì	sexta-feira
visitar	besuchen	visiter	to visit	visitare	visitar
vivir	leben	vivre	to live	vivere	viver
volver	zurückkommen	revenir/retourner	to return	ritornare	voltar
zumo (el)	Saft	jus de fruit	juice	succo	sumo